El gallego y su cuadrilla

Camilo José Cela

El gallego
y su cuadrilla

y otros apuntes carpetovetónicos

Ediciones Destino
Colección
Destinolibro
Volumen 27

© Camilo José Cela
© Ediciones Destino
Consejo de Ciento, 425. Barcelona-9
Primera edición: mayo 1955
Primera edición en Destinolibro: diciembre 1976
ISBN: 84-233-0661-5
Depósito Legal: B. 52.383-1976
Gráficas Instar, S. A. Constitución, 19. Barcelona-14
Impreso en España - Printed in Spain

A don Antonio Rodríguez-Moñino, que siempre echó de menos una pulcra edición de estos apuntes carpetovetónicos.

PROLÓGO

*Todas las cosas — ya es sabido — quieren su tiempo.
También lo quiso la ordenación, con un cierto sentido
común, de este libro. Nunca he sido demasiado partidario
de andar de prisa — porque lo que se hace de prisa, de
prisa se aja y aún más de prisa muere — y, de otra parte,
en la enmarañada selva de mis apuntes carpetovetónicos,
he tardado incluso varios años en ver con claridad. Lo primero que necesité fue hacerme a la idea de que un apunte
carpetovetónico no es un artículo; al apunte carpetovetónico le viene ancha, por innecesaria, toda posible articu-
lación; el apunte carpetovetónico puede ser rígido como
un palo y no precisa articularse en pos de demostrar ni
esto, ni aquello, ni aquello otro; el apunte carpetovetónico,
a diferencia del artículo, no nace ni muere, sino que, simplemente, brota y desaparece, igual que un venero de agua
clara: el apunte carpetovetónico puede muy bien no tener
ni principio ni fin — cosa que al artículo, por definición,
no le está permitido — y, como ejemplo de lo que digo,
remito al lector al que titulo, sin duda tópicamente, «El
cuento de la buena pipa». Tampoco el apunte carpetovetónico es un cuento; el cuento puede permitirse una
abstracción que el apunte carpetovetónico se niega; también se premia, a veces, con un subjetivismo que al apunte carpetovetónico le está vedado. En realidad, el apunte
carpetovetónico no es necesario que sea ni literatura, si
bien es cierto que, hasta hoy, no han aparecido apuntes
carpetovetónicos fuera de la literatura o de la pintura y
el dibujo: ni en la escultura (¿y los verracos ibéricos?, ¿y los*

toricos de Guisando?, ¿y los Cristos de Montañés?), ni en
la arquitectura, ni en la música. El apunte carpetovetónico
pudiera ser algo así como un agridulce bosquejo, entre
caricatura y aguafuerte, narrado, dibujado o pintado, de
un tipo o de un trozo de vida peculiares de un determi-
nado mundo: lo que los geógrafos llaman, casi poética-
mente, la España árida. Fuera de ella no puede darse el
apunte carpetovetónico, por la misma razón que no se pueden dar porcelanas chinas en el Japón o en la India. Pero
pueden crecer y desarrollarse géneros paralelos, géneros
parientes próximos de este nuestro de hoy: Alfonso Caste-
lao, con el lápiz, y José Pla, con la pluma, nos reflejaron
certeramente los cordiales planetas gallego y ampurdanés.
Más lejos, y con idéntico sentido, Lautrec pintó al París de
su tiempo. Y más cerca — más cerca en la distancia aunque no, quizá, en la intención — Goya, y Lucas, y Rego-
yos, y Solana, y Zuloaga, nos retrataron, mojando los pince-
les en la más pura tinta carpetovetónica, el militante car-
petovetonismo que les tocó mirar.

Como género literario, el apunte carpetovetónico, aunque siga vivito y coleando, tampoco es ninguna novedad.
En España es viejo como su misma literatura. ¿Qué eran,
sino puro apunte carpetovetónico, aquellos versos de las
«Coplas de la panadera» en los que el poeta nos narra el
ímpetu ventoseador de aquel hidalgo o clérigo toledano que

> pedos tan grandes tiraba
> que se oían en Talavera?

¿Qué otra cosa fueron muchas de las páginas maestras y
amargas de Torres Villarroel o de Quevedo? Y remontando
el calendario, ¿qué son las escenas — «Madrid. Escenas y
costumbres», «Madrid pintoresco», «La España negra»,
etcétera — del pintor Solana? ¿Y las andanzas del erra-
bundo don Ciro Bayo? ¿Y las estremecidas manchas — «Las
capeas», «España, nervio a nervio» — de Eugenio Noel,
el atrabiliario gran escritor tan injustamente olvidado? Nos
llevaría a todos muy lejos de mi modesto propósito de hoy

— que no es otro que el de presentar, con la mayor sencillez posible, las páginas que siguen — el intento de desarrollar, aunque muy someramente, la idea de que la literatura española (en cierto modo como la rusa, por ejemplo, y a diferencia, en cierto modo también, de la italiana) ignora el equilibrio y pendula, violentamente, de la mística a la escatología, del tránsito que diviniza — San Juan, fray Luis, Santa Teresa — al bajo mundo, al más bajo y concreto de todos los mundos, del pus y la carroña y, rematándolo, la calavera monda y lironda de todos los silencios, todos los arrepentimientos y todos los castigos — el vicario Delicado, en las letras; Valdés Leal, en la pintura; Felipe II, en la política; Torquemada, en la lucha religiosa, etc. Pero me basta con dejar constancia de que en uno de esos pendulares extremos — ni más ni menos importante, desde el punto de vista de su autenticidad — habita el apunte carpetovetónico: como un pajarraco sarnoso, acosado y fieramente ibérico. Y que no puede morir, por más vueltas que todos le demos, hasta que España muera.

Otra cosa que precisé para llegar a este trance de hoy fue, por un lado, publicar la primera edición de «El Gallego y su cuadrilla», las ediciones cuarta y quinta de las «Nuevas andanzas y desventuras de Lazarillo de Tormes» y la primera edición de «Baraja de invenciones» y, por el otro, ensayar pacientemente, en los diarios en que habitualmente colaboro y en la revista «Destino», toda una suerte de títulos y antetítulos que me ayudaron, a fuerza de borrar y de volver a empezar, a entender lo que hasta ahora había venido viendo confuso.

«El Gallego y su cuadrilla», en su primera edición, fue un librillo breve y humilde, impreso en Toledo y plagado de erratas, en rústica y generosamente prologado por el investigador Rodríguez-Moñino, que reunía veintiún apuntes y que se vendió al asequible precio de tres duros. En el lomo marca la fecha de 1951, pero en la portada interior, en la que presume de madrileño, es dos años más viejo. ¡Misterios del mundo editorial! Los veintiún apuntes de que hablo los recojo, íntegros, en esta edición: catorce en la primera parte, a la que titulo «La descansada vida campestre» y en la que figura uno nuevo, el tercero, «Doña Concha»; dos en la segunda, a la que nombro «Las bellas artes»; uno en la tercera, a la que llamo «El gran pañuelo del mundo»; los tres únicos que aparecen en la quinta, «Análisis de sangre», y, por último, «El coleccionista de apodos», que tiene extensión suficiente y es lo bastante distinto de todos los demás para que pueda caminar aparte, como va. Del prólogo he prescindido porque no abarca, en su amistoso comentario, toda la extensión del libro que hoy doy a las prensas y que, con el anterior, no tiene más de común que el título y menos de la mitad del texto.

En las ediciones cuarta y quinta de «El nuevo Lazarillo», los editores, que encontraron algo flaca la novela (1), arbitraron hinchar el perro añadiéndole, al final, los apuntes carpetovetónicos necesarios para llegar a las trescientas páginas. En la cuarta pasó — en la portada, en la portadilla, en la paginación y en el índice — una errata de pronóstico, por la que llaman «puntos» a mis apuntes (2), confusión que heredó la quinta (3) y que, si hizo desaparecer de la portada, conservó en la portadilla, en la paginación y en el índice. De los siete apuntes que aparecen en la cuarta de «El Lazarillo» (ninguno de los cuales recoge «El Gallego y su cuadrilla»), cuatro van en nuestra segunda parte de hoy, y tres, en la tercera. De los diez que incluye la quinta edición — el índice habla de siete, pero lo que pasa es que echaron mal la cuenta —, los siete últimos son los mismos que da la edición anterior y los otros tres figuraban ya en «El Gallego y su cuadrilla».

(1) Debo aclarar que no he contado las palabras, pero que pienso que anda, más o menos, por la extensión de «La familia de Pascual Duarte» o de «Pabellón de reposo».

(2) «Nuevas andanzas y desventuras de Lazarillo de Tormes y siete puntos carpetovetónicos», Selecciones Airón, C. L., S. A. (Madrid. 1952).

(3) «Nuevas andanzas y desventuras de Lazarillo de Tormes, El Gallego y su cuadrilla y otros relatos extraordinarios», prólogo y notas de Juan Uribe Echevarría, Editorial Nascimiento, Santiago de Chile, 1953.

En «Baraja de invenciones» (1), partes quinta y sexta
— «Gran guiñol y archivo de insensateces» y «Se prohibe
el paso a toda persona ajena a la empresa» —, se dan veinte
nuevos apuntes carpetovetónicos, hasta entonces no recogidos en volumen; aquí reproduzco diecinueve y pres-
cindo del titulado «Dos butacas se trasladan de habitación», porque no me parece que sea, realmente, un apunte
carpetovetónico. De las cuatro primeras partes del libro,
no he seleccionado ni una sola línea: todas caen muy lejos
de lo que vengo explicando que puede ser un apunte carpetovetónico.

No incluidos en libro, figuran en el volumen de hoy
diecisiete apuntes: uno publicado en el diario «Arriba»,
de Madrid, antes, naturalmente, de que me echasen a la
calle — «¡Quién me compra la dama y el niño!», metido
en la tercera parte —; uno, también de esta tercera parte,
recortado de la prensa de provincias — «Vicisitudes de un
barbero psicólogo» — cuando, ¡felices tiempos!, aún man-
tenía aquella colaboración, de la que me pusieron fuera
sin agradecerme los servicios prestados; dos, asimismo co-
lados en la tercera parte, de «Informaciones», de Madrid
— «El fin de las apuestas de don Adolfito» y «Sebastián
Panadero, marcas y patentes» —, y trece de la revista
«Destino»: el ya citado «Doña Concha» y los doce que
integro en la cuarta parte del libro y que publiqué, en
octubre y noviembre del 52 y en enero, febrero y marzo
del 53, bajo el lema de «Doce fotografías al minuto» y
que a mí me parecen bastante divertidos.

Y ya están ahí, si no he trabucado la cuenta, los sesenta y cuatro apuntes carpetovetónicos de libro. Si éste
se reedita, lo seguiré manteniendo, con el mismo título, en
sus límites de hoy. Si escribo más apuntes carpetovetónicos, haré con ellos un nuevo libro para el que buscaré un
título nuevo. Ambas cosas son posibles. Y fijar este texto de

(1)   «Baraja de invenciones», Colección Prosistas Contemporáneos, dirigida por Antonio Rodríguez Moñino, Editorial
Castalia, Valencia, 1953.

hoy es, amén de posible, necesario. Si no, se confunde al lector y todos salimos perdiendo.

También me hizo falta — como antes decía —, para llegar hasta aquí, inventar y olvidar y reinventar y abandonar, en los diarios y en las revistas, todos los antetítulos que se me fueron ocurriendo. Siempre he sido partidario de los antetítulos, teoría que no sé si será muy periodística — quizá no —, pero que a mí se me antoja bonita, y de ellos llegué a tener una buena colección. En «Informaciones», de Madrid, usé varios: «La sangre hasta el río...», en el que metí los apuntes del hombre-lobo, de las damas bravas y del verdugo de Burgos, Gregorio Mayoral, artesano del garrote; «Baedeker de secano», que agrupó algunos apuntes del tipo de «Unos juegos florales» y «Orquesta en el local»; «Gran guiñol» y «El gran guiñol» — sin artículo y con él —, donde incluí, entre otros, los apuntes «Matías Martí, tres generaciones», «Purificación de Sancha y Guasp, pedicura-manicura» y «La casa de enfrente»; «Jugar con fuego, quemarse, etc.» que adornó a «El fin de las apuestas de don Adolfito»; «El gran pañuelo del mundo», que amparó a «El cuento de la buena pipa»; «La cabeza a pájaros», donde cupo «Sebastián Panadero, marcas y patentes», etc. El «Gran guiñol», en «Baraja de invenciones», se complicó hasta convertirse, como ya expliqué, en «Gran guiñol y archivo de insensateces». En «Arriba», que fue donde empecé a publicarlos, solía usar el epígrafe de «Apuntes carpetovetónicos», que es el que más me gusta, quizá porque es el más sencillo; en «Destino» empleé este mismo antetítulo el año 51, para presentar a «Doña Concha»; también en «Arriba» — con motivo de «Senén, el cantor de los músicos», por ejemplo — di «Los genios incomprendidos». Otros epígrafes — «Geografía del barbecho», «Retablo de marionetas», «Balada del vagabundo sin suerte» — se refirieron más bien a trozos que no fueron, exactamente, apuntes carpetovetónicos.

Después de tener a mano los tres o cuatro elementos de que más arriba hablo — saber lo que es un apunte carpetovetónico, haber publicado los libros que publiqué y

probar y experimentar los antetítulos — el camino quedó
ya sensiblemente desbrozado y mi labor, sobre fácil, vino
a resultar entretenida. Ojalá que el lector, al pasear la vista
por estas páginas, piense algo parecido.

En este volumen de ahora uso, para el bautismo de
sus partes, que son seis, tres títulos viejos y tres nuevos:
«La descansada vida campestre», «Las bellas artes» y
«Análisis de sangre». Si mi orden redunda en un mejor
servicio del que leyere, mi propósito se habrá visto cumplido. En caso contrario, habré perdido el tiempo. Y, cuando se pierde el tiempo, como cuando se pierden los cuartos
en la timba, ya es sabido, ¡paciencia y barajar!

C. J. C.

Palma de Mallorca, 4 de julio de 1954.

I

LA DESCANSADA VIDA CAMPESTRE

UN PUEBLO

Eᴸ pueblo es un pueblo cualquiera, un pueblo perdido por tierras de Castilla, no por la Castilla del páramo y el cereal, sino por la otra, por la del vino y el monte bajo, los chaparrales y la paloma zurita, el encinar, el canchal, el pollo de perdiz y las vides naciendo en la linde misma en donde muere el pino de la resina.

El pueblo está lejos del ferrocarril, lejos de la carretera general, lejos del río, agazapado a la sombra de la torre parroquial, una torre herreriana de viejo granito que la sequía de cuatro siglos, esa sequía que desnudó a Castilla, no ha permitido que criase el cariñoso, el silencioso, el verdinoso musgo de los años.

El pueblo está reclinado sobre una ladera suave, rodeado de viñedos de verde color de manzana y de olivares grises como la luz del invierno. A la salida del pueblo, la picota se yergue — la misma carne de piedra que la parroquial — con su sombra de palo siniestro y un nido de avispas en el capitel, mirando para la sembradura, quién sabe si un poco como protegiéndola.

El pueblo es un pueblo rico, un pueblo con un salón de baile, dos Bancos, dos boticas, tres cafés, cuatro médicos y cien bodegas frescas, aromáticas, incitadoras. El pueblo tiene un palacio donde vive un príncipe de la sangre con su familia y sus criados, y una población de más de cuatro mil habitantes. Lo único que le falta al pueblo es agua, agua a pasto, agua para dar y sobrar; a la gente no parece preocuparle demasiado.

El pueblo tiene una plaza con dos relojes, una plaza

sombreada de árboles añosos, corpulentos, con las entrañas vacías, y una rondalla de guitarreros que pulsan la cuerda con devoción, una rondalla de guitarreros que en la capital, por mor de unas justas, quedó antes que ninguna.

Los guitarreros de la rondalla son seis:

1,

Eusebio Díaz Díaz
es un viejo español que toca la guitarra.
Tiene el aire solemne
y la mirada vaga.
Tiene la tez curtida
y larga la nariz.
Va dejando una estela de raza,
cuando toca la jota
de Cebreros, de Ávila y de Valladolid.

2, 3,

Francisco González y su hijo José
son dos mozos ibéricos que no tienen edad.
Juntos cantan los cantos del campo
y juntos se reparten la antigüedad.

4, 5

José González, el celador
de Telégrafos y su hermano Fermín,
tocan sonriendo. Como hace calor
beben el buen vino de la buena vid.

y 6

Félix Heredero,
de profesión botero,
toca la bandurria sin mirar a nadie.

Tiene rubio el pelo
y azul la mirada:
del puro azul de la raza goda derrotada.

Cuando los guitarreros pasan, rascando las bandu-
rrias y las guitarras por la calle abajo, un vientecillo
de siglos se estremece ligeramente sobre las altas copas de
los árboles, delante de la iglesia. Se detiene en su paso
la mujer que cruza, de vuelta de la fuente del pilón de la
plaza, el pilón de piedra más duro del mundo, el del
agua buena, para verlos pasar, y la cigüeña que cuenta
las horas, conforme van cayendo, desde su nido del alto
reloj de la torre, mira con sus grandes ojos atónitos el mismo espectáculo que vieron las cigüeñas de cuatrocientos
años atrás.

Un mozo de rojo pañuelo de seda al cuello va cantando, ahora que son los días de la función, preparán-
dose para el encierro de la mañana siguiente, y un viejo,
desde un poyo del camino, hace, parsimoniosamente, re-
cuento de las tres glorias pasadas.

Sobre el pueblo está parado como un halo de beatitud.

El pueblo siente correr la savia por sus venas y gusta de mirarse, siempre el mismo, en el espejo abierto del
campo.

El pueblo es lo que se dice un pueblo importante. Es
cabeza de partido judicial y de él dependen otros diecinueve pueblos, a saber: La Adrada, El Barraco, Casillas,
Escarabajosa, Fresnedilla, El Herradón, Higuera de las
Dueñas, El Hoyo de Pinades, Navahondilla, Navalperal
de Pinares, Navaluenga, Las Navas del Marqués, Pegue-
rinos, San Bartolomé de Pinares, San Juan de la Nava,
San Juan del Molinillo, Santa Cruz de Pinares, Sotillo
de la Adrada y El Tiemblo.

El pueblo pertenece a la provincia de Ávila, está a
ocho leguas de la Capital, tiene consideración de villa
y se llama Cebreros; en su escudo pintan una cebra, que
en la piedra toma un vago aire de honesto muleto de
labrantío.

CEBREROS

E L escritor ha venido hasta Cebreros, no a dar una conferencia, como en Tomelloso, sino a todo lo contrario. El escritor no ha venido hasta Cebreros a hablar; ha venido a descansar, a escuchar, a mirar y a beber vino, un vino noble, espeso, dulzón; un vino de dieciocho grados, oloroso como los montes del romero; sabroso como la carne, como el pan y como la miel; nutricio como las ubres ubérrimas: los signos de la abundancia antigua, la abundancia del sonoro oro campesino, la limpia planta de la sembradura.

Cebreros es villa vieja y señoril, con una plaza de arboleda añosa, susurrante, umbría; con una iglesia de torre cuadrada, de torre guerrera acabada en un terminal de cigüeñas, como es de ley, coronada por un reloj que suena sobre el campo de viñas, de trigo y de frutales, su bronce civil rezador del rosario del tiempo. Cebreros, con sus calles alfombradas de difíciles guijas y su caserío poblado de gentes afables, abiertas, parleras y obsequiosas, arrastra su sed rodeado de agua por todas partes: Tántalo en Ávila, entre el Quexigal herreriano y el gótico primitivo del Puerto de Arrebatacapas, el camino de San Bartolomé de Pinares y de la capital. Por el término municipal de Cebreros escapan las aguas — camino de ningún lado — de los arroyos Beceas, Retuerta y Chaparral y del río Alberche, que rompe con su canción el valle de Iruelas, buscando la cuña de la provincia de Madrid — la cuña de San Martín de Valdeiglesias, de Cenicientos y de Villa del Prado — entre las tierras de Ávila y Toledo.

El escritor, paseando por las afueras de Cebreros, la mano diestra apoyada en el hombro de Santa Teresa, la contramano al brazo de don Antonio Machado, piensa confusamente en los ingenieros y en los gobiernos, en la totovía que cruza por los aires y la perdiz que pasa por el suelo rodeada de grises pollitos pelados, en el agua que se tiene y la que no se tiene y, ¡ay!, en esas ganas de hacer, esa buena fe sin límites que se llama la voluntad y que se pierde por los mismos cauces por donde se puede ganar: los surcos que cruzan los espíritus y que se impermeabilizan o se empapan, un poco sin saber demasiado por qué ni por qué no, según soplan los vientos que nos hacen propicios los hados o las galernas que nos los ahuyentan, en un rapto de soberbia, a lo mejor para siempre jamás.

El escritor bebe vino en una bodega, al lado de los amigos, y distingue la sed de los cuerpos de la de los campos, la sed de la carne de la de las tierras, la sed de vino de la sed de agua. Un airecillo suave que se cuela por una rendija del sol, para el sudor sobre la frente ardorosa o sobre la húmeda mano. Fuera, las moscas zumban en enjambre. Un perro pasa, el rabo entre piernas, la lengua seca, husmeando distraídamente sabe Dios qué suerte de rastro perdido. Un niño solitario juega con unos huesos de albaricoque, mientras una moza lejana canta con una voz sonora como un cascabel el último cuplé que la radio ha dejado caer sobre Cebreros. Una vieja muy vieja toma el sol que sólo puede tomarse a su edad, y unas golondrinas pasan a media altura, persiguiendo veloces los ciegos, los sordos zigzags del aire. Es la media tarde sobre Cebreros y las cigarras cantan su silencio en los árboles de la plaza. Cuando pase algún tiempo, a esta misma hora, las cigarras enmudecerán para que sobre la plaza, rodeada entonces de carros, flote el cálido, somnoliento olor de la sangre del toro ibérico, el homenaje a las gentes que trabajan sin fatiga durante trescientos sesenta y cuatro días y una mañana, para palpar sin dolor, en una tarde, el aroma violento de la sangre que brilla al sol, como una virtud, sobre las agujas del animal que muere dando la cara porque sabe que está cumpliendo con su deber.

El escritor, que no tiene esta temporada el ánimo hecho más que para mirar y andar, aleja de su cabeza los pensamientos, y en el pueblo donde no hay agua pide más vino, que bebe ya casi con sabiduría; sana lección que va · aprendiendo poco a poco a fuerza de patearse Castilla un pie tras otro, legua a legua, de prado a hocino, de garganta a cabeza, de venero a barbechera, de lagar en lagar.

Según dicen estas gentes del vino, a quienes el agua quita el sueño, un Ayuntamiento dejó pasar la ocasión cuando, al construir los saltos del Alberche, la pintaban calva. Hay hoy quien lucha en Cebreros por el agua que corre en Gredos, entre Cuatro Manos y la Cabeza de la Parra, quien lucha con el solitario ademán del iluminado o del caballero andante, la mano a la espada, la mirada lejos, casi perdida y el espíritu templado a todas las renunciaciones.

El escritor, un poco contagiado ya, entorna los ojos y sueña con un Cebreros con agua, con un Cebreros feliz, aún más feliz, en el que las familias no se repartieran la gota como el pan bendito, el cantarillo como las briznas del difícil botín.

El escritor mira, ya en la calle, para una nube de niños que juega a la sombra de la plaza, cantarines como gorriones, triscadores como cabras, veloces como lagartijas. Son los niños pequeños de Cebreros — uno de los pueblos del mundo que tiene más niños —, los niños peinados el domingo con limón y agua de colonia, los niños que entran en misa de la mano, que juntos miran cómo la cigüeña cruza bajo el cielo azul con una culebra al pico. Cuando Cebreros tenga agua — que la tendrá algún día si los cebrereños se lo proponen en serio — estos niños de la plaza, hombres ya, habrán levantado piso sobre piso a las casas de sus padres y habrán visto crecer el pueblo como un hijo más al que se habrá derramado en sus venas ese elixir de vida que durante tantos años estuvo pasando a la vera, sin que nadie se decidiese a echarle mano.

Mientras tanto... Mientras tanto, paciencia y barajar. Decía San Juan de la Cruz que quien la ocasión pierde es como el que soltó el avecica de la mano, que no la volverá a cobrar. A veces, la ocasión — o el avecilla del cielo — se nos presenta por segunda vez. Lo que ya no es muy probable es que surja una tercera. Hay suertes de la vida con las que no vale pensar que a la tercera va la vencida.

DOÑA CONCHA

El sol cae a plomo sobre el patinillo de doña Concha, la de don Florián. Doña Concha es hermana de doña Mencía, la del registrador, y de la señora Engracia, que se quedó atrás, según se ve.

Doña Concha es una dama tísica y espirituada, larga y suspiradora. Viste de negro y a veces, en los orejas, lleva unas piedras azules y delicadas, unas aguasmarinas. Doña Concha no tiene hijos, no los tuvo nunca, y su cariño está sin aplicar, está entero como una nube volandera.

Doña Concha no tiene un pajarito, ni un gato, ni un perro. Los pajaritos que anidan bajo las tejas de la bodega no son suyos: son de Dios. Los lebreles que bostezan en el hilillo de sombra del patio no son suyos: son de su marido. Los gatos que crían y recrían en el desván, entre tinajas rotas, consolas románticas y desportilladas, libros misteriosos y olvidados retratos que ya nadie recuerda de quién son, tampoco son suyos: en realidad no son de nadie.

Doña Concha es hembra rica y sarmentosa, florida si quisiera y, ¡ay!, sin ganas ningunas de florecer. Doña Concha tiene un rosario de aromáticas cuentas, hecho con pétalos de rosa. El rosario de doña Concha termina en una cruz de filigrana de oro y guarda virtudes especiales para la lucha contra el pecado. Doña Concha, desgranando, hierática y profunda, las cuentas de su rosario, se pasa las lentas horas muertas.

Doña Concha sabe cosas, muchas cosas, pero se las

calla. Doña Concha sabe las vidas de los criados, los milagros de las criadas, las enfermedades del olivo, las artes
de podar la vid, el extraño lenguaje que hablan las bestias.
Pero doña Concha no habla. Doña Concha es una mujer
casada. Si quedase viuda, si don Florián, que está fuerte
como un roble, ¡Dios no lo haga!, la dejase más sola de
lo que está, doña Concha, sin cambiar el gesto, hablaría.
Y mandaría sin levantar la voz, como una reina durísima
y triste. Pero don Florián, ¡Dios lo conserve!, está vivo,
y sano, y animoso, y doña Concha, que sabe su papel,
no habla más que durante la matanza, por San Martín,
cuando el gorrino chilla en el tormento y el matarife
huele a sangre y a anís.

Doña Concha tiene tres ventanas para mirar el mundo: las tres cuadradas y pequeñas, las tres con reja, la
principal cobijada bajo la piedra heráldica, bajo la des-
gastada y olvidada piedra del mayorazgo. Doña Concha,
al pie de cada ventana, tiene una silla baja, de enea, con
las tablas del respaldo pintadas de verde con rositas rojas,
y blancas, y de color de oro. Desde su ventana del patio,
doña Concha vigila el pozo. Desde su ventana de la calle, doña Concha mira llorar a los niños. Desde su ventana
del campo, doña Concha reza el rosario. Y a veces, medita.

Doña Concha no hace labor, el filtiré le ha destrozado
la vista. Doña Concha no se pone lentes porque piensa
que no es propio de mujeres de su condición. Doña Concha tiene un ascético sentido de su condición.

Por las tardes, cuando la visita su hermana, doña
Mencía, doña Concha le ofrece, con gran reverencia, una
jícara de chocolate, tres sequillos y una copita de vino
moscatel. Doña Concha no prueba bocado, porque lleva
ya ofrecida muchos años. Doña Concha, a veces, cuando
se siente muy desfallecida, prueba un sorbito de moscatel, que cría sangre y da ánimo a las flacas carnes.

—¡Que Dios no me lo tenga en cuenta!

Doña Concha y doña Mencía jamás recuerdan, de
viva voz, a su hermana Engracia, a la señora Engracia,
que vive en Alcolea de Calatrava, viuda de un posadero,

madre de diez hijos varones y patrona de arrieros y tratantes, a diario, y de Pascuas a Ramos de chamarileros, de cómicos de la legua y de viajantes de comercio.

Doña Concha sufre — no lo puede evitar — cada vez que Engracia, la señora Engracia, irrumpe en su memoria al frente de sus diez hijos. Doña Concha, en su testamento, ordena una manda de misas y dispone que las fincas, cuando don Florián la siga, se repartan por igual entre sus sobrinos. Pero sus sobrinos lo ignoran y no le desean la muerte. Doña Concha casi no conoce a sus sobrinos...

El sol reverbera sobre las albas paredes del patinillo de doña Concha. La chicharra canta desconsoladamente desde la higuera canija, calenturienta y bíblica. Los molinos de Criptana, igual que inmensos bueyes dormidos, esperan respirar en la noche.

Por el cielo cruza el arcángel San Gabriel, en forma de cigüeña. Tañen las campanas a oración y doña Concha, como sin darse cuenta, se aparta de su ventana.

Mañana será otro día.

LA ROMERÍA

L A romería era muy tradicional; la gente se hacía lenguas de lo bien que se pasaba en la romería, adonde llegaban todos los años visitantes de muchas leguas a la redonda. Unos venían a caballo y otros en unos autobuses adornados con ramas; pero lo realmente típico era ir en carro de bueyes; a los bueyes les pintaban los cuernos con albayalde o blanco de España y les adornaban la testuz con margaritas y amapolas...

El cabeza de familia vino todo el tiempo pensando en la romería; en el tren, la gente no hablaba de otra cosa.

—¿Te acuerdas cuando Paquito, el de la de Telégrafos, le saltó el ojo a la doña Pura?

—Sí que me acuerdo; aquella sí que fue sonada. Un guardia civil decía que tenía que venir el señor juez a levantar el ojo.

—¿Y te acuerdas de cuando aquel señorito se cayó, con pantalón blanco y todo, en la sartén del churrero?

—También me acuerdo. ¡Qué voces pegaba el condenado! ¡En seguida se echaba de ver que eso de estar frito debe dar mucha rabia!

El cabeza de familia iba los sábados al pueblo, a ver a los suyos, y regresaba a la capital el lunes muy de mañana para que le diese tiempo de llegar a buena hora a la oficina. Los suyos, como él decía, eran siete: su señora, cinco niños y la mamá de su señora. Su señora se llamaba doña Encarnación y era gorda y desconsiderada;

los niños eran todos largos y delgaditos, y se llamaban: Luis (diez años), Encarna (ocho años), José María (seis años), Laurentino (cuatro años) y Adelita (dos años). Por los veranos se les pegaba un poco el sol y tomaban un color algo bueno, pero al mes de estar de vuelta en la capital, estaban otra vez pálidos y ojerosos como agonizantes. La mamá de su señora se llamaba doña Adela y, además de gorda y desconsiderada, era coqueta y exigente. ¡A la vejez, viruelas! La tal doña Adela era un vejestorio repipío que tenía alma de gusano comemuertos.

El cabeza de familia estaba encantado de ver lo bien que había caído su proyecto de ir todos juntos a merendar a la romería. Lo dijo a la hora de la cena y todos se acostaron pronto para estar bien frescos y descansados al día siguiente.

El cabeza de familia, después de cenar, se sentó en el jardín en mangas de camisa, como hacía todos los sábados por la noche, a fumarse un cigarrillo y pensar en la fiesta. A veces, sin embargo, se distraía y pensaba en otra cosa: en la oficina, por ejemplo, o en el plan Marshall, o en el Campeonato de Copa.

Y llegó el día siguiente. Doña Adela dispuso que, para no andarse con apuros de última hora, lo mejor era ir a misa de siete en vez de a misa de diez. Levantaron a los niños media hora antes, les dieron el desayuno y los prepararon de domingo; hubo sus prisas y sus carreras, porque media hora es tiempo que pronto pasa, pero al final se llegó a tiempo.

Al cabeza de familia lo despertó su señora.

— —¡Arriba, Carlitos; vamos a misa!

—Pero, ¿qué hora es?

—Son las siete menos veinte.

El cabeza de familia adoptó un aire suplicante.

—Pero, mujer, Encarna, déjame dormir, que estoy muy cansado; ya iré a misa más tarde.

—Nada. ¡Haberte acostado antes! Lo que tú quieres es ir a misa de doce.

—Pues, sí. ¿Qué ves de malo?

—¡Claro! ¡Para que después te quedes a tomar un vermut con los amigos! ¡Estás tú muy visto!

A la vuelta de misa, a eso de las ocho menos cuarto, el cabeza de familia y los cinco niños se encontraron con que no sabían lo que hacer. Los niños se sentaron en la escalerita del jardín, pero doña Encarna les dijo que iban a coger frío, así, sin hacer nada. Al padre se le ocurrió que diesen todos juntos, con él a la cabeza, un paseíto por unos desmontes que había detrás de la casa, pero la madre dijo que eso no se le hubiera ocurrido ni al que asó la manteca, y que los niños lo que necesitaban era estar descansados para por la tarde. El cabeza de familia, en vista de su poco éxito, subió hasta la alcoba, a ver si podía echarse un rato, un poco a traición, pero se encontró con que a la cama ya le habían quitado las ropas. Los niños anduvieron vagando como almas en pena hasta eso de las diez, en que los niños del jardín de al lado se levantaron y el día empezó a tomar, poco más o menos, el aire de todos los días.

A las diez también, o quizá un poco más tarde, el cabeza de familia compró el periódico de la tarde anterior y una revista taurina, con lo que, administrándola bien, tuvo lectura casi hasta el mediodía. Los niños, que no se hacían cargo de las cosas, se portaron muy mal y se pusieron perdidos de tierra; de todos ellos, la única que se portó un poco bien fue Encarnita — que llevaba un trajecito azulina y un gran lazo malva en el pelo —, pero la pobre tuvo mala suerte, porque le picó una avispa en un carrillo, y doña Adela, su abuelita, que la oyó gritar, salió echa un basilisco, la llamó mañosa y antojadiza y le dio media docena de tortas, dos de ellas bastante fuertes. Después, cuando doña Adela se dio cuenta de que a la nieta lo que le pasaba era que le había picado una avispa, le empezó a hacer arrumacos y a compadecerla, y se pasó el resto de la mañana apretándole una perra gorda contra la picadura.

—Esto es lo mejor. Ya verás como esta moneda pronto te alivia.

La niña decía que sí, no muy convencida, porque sabía que a la abuelita lo mejor era no contradecirla y decirle a todo amén.

Mientras tanto, la madre, doña Encarna, daba órdenes a las criadas como un general en plena batalla. El cabeza de familia leía, por aquellos momentos, la reseña de una faena de Paquito Muñoz. Según el revistero, el chico había estado muy bien...

Y el tiempo, que es lento, pero seguro, fue pasando, hasta que llegó la hora de comer. La comida tardó algo más que de costumbre, porque con eso de haber madrugado tanto, ya se sabe: la gente se confía y, al final, los unos por los otros, la casa sin barrer.

A eso de las tres o tres y cuarto, el cabeza de familia y los suyos se sentaron a la mesa. Tomaron de primer plato fabada asturiana; al cabeza de familia, en verano, le gustaban mucho las ensaladas y los gazpachos y, en general, los platos en crudo. Después tomaron filetes y de postre, un plátano. A la niña de la avispa le dieron, además, un caramelo de menta; el angelito tenía el carrillo como un volcán. Su padre, para consolarla, le explicó que peor había quedado la avispa, insecto que se caracteriza, entre otras cosas, porque, para herir, sacrifica su vida. La niña decía «¿Sí?», pero no tenía un gran aire de estar oyendo eso que se llama una verdad como una casa, ni denotaba, tampoco, un interés excesivo, digámoslo así.

Después de comer, los niños recibieron la orden de ir a dormir la siesta, porque como los días eran tan largos, lo mejor sería salir hacia eso de las seis. A Encarnita la dejaron que no se echase, porque para eso le había picado una avispa.

Doña Adela y doña Encarnación se metieron en la cocina a dar los últimos toques a la cesta con la tortilla de patatas, los filetes empanados y la botella de Vichy Catalán para la vieja, que andaba nada más que regular de las vías digestivas; los niños se acostaron, por eso de que a la fuerza ahorcan, y el cabeza de familia y la Encarnita se fueron a dar un paseíto para hacer la digestión y contemplar un poco la naturaleza, que es tan varia.

El reloj marcaba las cuatro. Cuando el minutero diese dos vueltas completas, a las seis, la familia se pondría en marcha, carretera adelante, camino de la romería.

Todos los años había una romería ...

Contra lo que en un principio se había pensado, doña Encarnación y doña Adela levantaron a los niños de la siesta a las cuatro y media. Acabada de preparar la cesta con las vituallas de la merienda, nada justificaba ya esperar una hora larga sin hacer nada, mano sobre mano como unos tontos.

Además el día era bueno y hermoso, incluso demasiado bueno y hermoso, y convenía aprovechar un poco el sol y el aire.

Dicho y hecho; no más dadas las cinco, la familia se puso en marcha camino de la romería. Delante iban el cabeza de familia y los dos hijos mayores: Luis, que estaba ya hecho un pollo, y Encarnita, la niña a quien le había picado la avispa; les seguían doña Adela con José María y Laurentino, uno de cada mano, y cerraba la comitiva doña Encarnación, con Adelita en brazos. Entre la cabeza y la cola de la comitiva, al principio no había más que unos pasos; pero a medida que fueron andando, la distancia fue haciéndose mayor, y, al final, estaban separados casi por un kilómetro; esta es una de las cosas que más preocupan a los sargentos cuando tienen que llevar tropa por el monte: que los soldados se les van sembrando por el camino.

La cesta de la merienda que pesaba bastante, la llevaba Luis en la sillita de ruedas de su hermana pequeña. A las criadas, la Nico y la Estrella, les habían dado suelta, porque, en realidad, no hacían más que molestar, todo el día por el medio, metiéndose donde no las llamaban.

Durante el trayecto pasaron las cosas de siempre, poco más o menos: un niño tuvo sed y le dieron un capón porque no había agua por ningún lado; otro niño quiso hacer una cosa y le dijeron a gritos que eso se pedía antes de salir de casa; otro niño se cansaba y le preguntaron, con un tono de desprecio profundo, que de qué le servía respirar el aire de la Sierra. Novedades gordas, esa es la verdad, no hubo ninguna digna de mención.

Por el camino, al principio, no había nadie — algún pastorcito, quizá, sentado sobre una piedra y con las ovejas muy lejos —, pero al irse acercando a la romería fueron apareciendo mendigos aparatosos, romeros muy repeinados que llegaban por otros atajos, algún buhonero tuerto o barbudo con la bandeja de baratijas colgada del cuello, guardias civiles de servicio, parejas de enamorados que estaban esperando a que se pusiese el sol, chicos de la colonia ya mayorcitos — de catorce a quince años — que decían que estaban cazando ardillas, y soldados, muchos soldados, que formaban grupos y cantaban asturianadas, jotas y el mariachi con un acento muy en su punto.

A la vista ya de la romería — así como a unos quinientos metros de la romería —, el cabeza de familia y Luis y Encarnita, que estaba ya mejor de la picadura, se sentaron a esperar al resto de la familia. El pinar ya había empezado y, bajo la copa de los pinos, el calor era aún más sofocante que a pleno sol. El cabeza de familia, nada más salir de casa, había echado la americana en la silla de Adelita y se había remangado la camisa y ahora los brazos los tenía todos colorados y le escocían bastante; Luis le explicaba que eso le sucedía por falta de costumbre, y que don Saturnino, el padre de un amigo suyo, lo pasó muy mal hasta que mudó la piel. Encarnita decía que sí, que claro; sentada en una piedra un poco alta, con su trajecito azulina y su gran lazo, la niña estaba muy mona, esa es la verdad; parecía uno de esos angelitos que van en las procesiones.

Cuando llegaron la abuela y los dos niños y, al cabo de un rato, la madre con la niña pequeña en brazos, se sentaron también a reponer fuerzas, y dijeron que el paisaje era muy hermoso y que era una bendición de Dios poder tomarse un descanso todos los años para coger fuerzas para el invierno.

—Es muy tonificador — decía doña Adela echando un trago de la botella de Vichy Catalán —, lo que se dice muy tonificador.

Los demás tenían bastante sed, pero se la tuvieron que aguantar porque la botella de la vieja era tabú — igual que un vaca sagrada — y fuente no había ninguna en dos leguas a la redonda. En realidad, habían sido poco precavidos, porque cada cual podía haberse traído su botella; pero claro está, a lo hecho, pecho: aquello ya no tenía remedio y, además, a burro muerto, cebada al rabo.

La familia, sentada a la sombra del pinar, con la boca seca, los pies algo cansados y toda la ropa llena de polvo, hacía verdaderos esfuerzos por sentirse feliz. La abuela, que era la que había bebido, era la única que hablaba:

—¡Ay, en mis tiempos! ¡Aquéllas sí que eran romerías!

El cabeza de familia, su señora y los niños, ni la escuchaban; el tema era ya muy conocido, y además la vieja no admitía interrupciones. Una vez en que, a eso de «¡Ay, en mis tiempos!», el yerno le contestó, en un rapto de valor: «¿Se refiere usted a cuando don Amadeo?», se armó un cisco tremendo, que más vale no recordar. Desde entonces el cabeza de familia, cuando contaba el incidente a su primo y compañero de oficina Jaime Collado, que era así como su confidente y su paño de lágrimas, decía siempre «el pronunciamiento».

Al cabo de un rato de estar todos descansando y casi en silencio, el niño mayor se levantó de golpe y dijo:

—¡Ay

Él hubiera querido decir:

—¡Mirad por dónde viene un vendedor de gaseosas!

Pero lo cierto fue que sólo se le escapó un quejido. La piedra donde se había sentado estaba llena de resina y el chiquillo, al levantarse, se había cogido un pellizco. Los demás, menos doña Adela, se fueron también levantando; todos estaban perdidos de resina.

Doña Encarnación se encaró con su marido:

—¡Pues sí que has elegido un buen sitio! Esto me pasa a mí por dejaros ir delante, ¡nada más que por eso!

El cabeza de familia procuraba templar gaitas:

—Bueno, mujer, no te pongas así; ya mandaremos la ropa al tinte.

—¡Qué tinte ni qué niño muerto! ¡Esto no hay tinte que lo arregle!

Doña Adela, sentada todavía, decía que su hija tenía razón, que eso no lo arreglaba ningún tinte y que el sitio no podía estar peor elegido.

—Debajo de un pino — decía —, ¿qué va a haber? ¡Pues resina!

Mientras tanto, el vendedor de gaseosas se había acercado a la familia.

—¡Hay gaseosas, tengo gaseosas! Señora — le dijo a doña Adela —, ahí se va a poner usted buena de resina.

El cabeza de familia, para recuperar el favor perdido, le preguntó al hombre:

—¿Están frescas?

—¡Psché! Más bien del tiempo.

—Bueno, déme cuatro.

Las gaseosas estaban calientes como caldo y sabían a pasta de los dientes. Menos mal que la romería ya estaba, como quien dice, al alcance de la mano.

La familia llegó a la romería con la boca dulce; entre la gaseosa y el polvo se suele formar en el paladar un sabor muy dulce, un sabor que casi se puede masticar como la mantequilla.

La romería estaba llena de soldados; llevaban un mes haciendo prácticas por aquellos terrenos, y los jefes, el día de la romería, les habían dado suelta.

—Hoy, después de teórica — había dicho cada sargento —, tienen ustedes permiso hasta la puesta del sol. Se prohibe la embriaguez y el armar bronca con los paisanos. La vigilancia tiene órdenes muy severas sobre el mantenimiento de la compostura. Orden del coronel. Rompan filas, ¡arm...!

Los soldados, efectivamente, eran muchos; pero por lo que se veía, se portaban bastante bien. Unos bailaban con las criadas, otros daban conversación a alguna familia con buena merienda y otros cantaban, aunque fuese con acento andaluz, una canción que era así:

> *Adiós, Pamplona,*
> *Pamplona de mi querer,*
> *mi querer.*
> *Adiós, Pamplona,*
> *cuándo te volveré a ver.*

Eran las viejas canciones de la guerra civil, que ellos no hicieran porque cuando lo de la guerra civil tenían once o doce años, que se habían ido transmitiendo, de quinta en quinta, como los apellidos de padres a hijos. La segunda parte decía:

> *No me marcho por las chicas,*
> *que las chicas guapas son,*
> *guapas son.*
> *Me marcho porque me llaman*
> *a defender la Nación.*

Los soldados no estaban borrachos, y a lo más que llegaban, algunos que otros, era a dar algún traspiés, como si lo estuvieran.

La familia se sentó a pocos metros de la carretera, detrás de unos puestos de churros y rodeada de otras familias que cantaban a gritos y se reían a carcajadas. Los niños jugaban todos juntos revolcándose sobre la tierra, y de vez en cuando alguno se levantaba llorando, con un rasponazo en la rodilla o una pequeña descalabradura en la cabeza.

Los niños de doña Encarnación miraban a los otros niños con envidia. Verdaderamente, los niños del montón, los niños a quienes sus familias les dejaban revolcarse por el suelo, eran unos niños felices, triscadores como cabras, libres como los pájaros del cielo, que hacían lo que les daba la gana y a nadie le parecía mal.

Luisito, después de mucho pensarlo, se acercó a su madre, zalamero como un perro cuando menea la cola:

—Mamá, ¿me dejas jugar con esos niños?

La madre miró para el grupo y frunció el ceño:

—¿Con esos bárbaros? ¡Ni hablar! Son todos una partida de cafres.

Después, doña Encarnación infló el papo y continuó:

—Y además, no sé cómo te atreves ni a abrir la boca después de cómo te has puesto el pantalón de resina. ¡Vergüenza debiera darte!

El niño, entre la alegría de los demás, se azaró de estar triste y se puso colorado hasta las orejas. En aquellos momentos sentía hacia su madre un odio infinito.

La madre volvió a la carga:

—Ya te compró tu padre una gaseosa. ¡Eres insaciable!

El niño empezó a llorar por dentro con una amargura infinita. Los ojos le escocían como si los tuviese quemados, la boca se le quedó seca y nada faltó para que empezase a llorar, también por fuera, lleno de rabia y de desconsuelo.

Algunas familias precavidas habían ido a la romería con la mesa de comedor y seis sillas a cuestas. Sudaron mucho para traer todos los bártulos y no perder a los niños por el camino, pero ahora tenían su compensación y estaban cómodamente sentados en torno a la mesa, merendando o jugando a la brisca como en su propia casa.

Luisito se distrajo mirando para una de aquellas familias y, al final, todo se le fue pasando. El chico tenía buen fondo y no era vengativo ni rencoroso.

Un cojo, que enseñaba a la caridad de las gentes un muñón bastante asqueroso, pedía limosna a gritos al lado de un tenderete de rosquillas; de vez en vez caía alguna perra y entonces el cojo se la tiraba a la rosquillera.

—¡Eh! — le gritaba —. ¡De las blancas!

Y la rosquillera, que era una tía gorda, picada de viruela, con los ojos pitañosos y las carnes blandengues y mal sujetas, le echaba por los aires una rosquilla blanca como la nieve vieja, sabrosa como el buen pan del hambre y dura como el pedernal. Los dos tenían bastante buen tino.

Un ciego salmodiaba preces a Santa Lucía en un rincón del toldo del tiro al blanco, y una gitana joven, bella y descalza, con un niño de días al pecho y otro, barrigoncete, colgado de la violenta saya de lunares, ofrecía la buenaventura por los corros.

Un niño de seis o siete años cantaba flamenco acompañándose con sus propias palmas, y un vendedor de pitos atronaba la romería tocando el no me mates con tomate, mátame con bacalao.

—Oiga, señor, ¿también se puede tocar una copita de ojén?

Doña Encarnación se volvió hacia el hijo hecha un basilisco:

—¡Cállate, bobo! ¡Que pareces tonto! Naturalmente que se puede tocar; ese señor puede tocar todo lo que le dé la real gana.

El hombre de los pitos sonrió, hizo una reverencia y siguió paseando, parsimoniosamente, para arriba y para abajo, tocando ahora lo de la copita de ojén para tomar con café.

El cabeza de familia y su suegra, doña Adela, decidieron que un día era un día y que lo mejor sería comprar unos churros a las criaturas.

—¿Cómo se les va a pedir que tengan sentido a estas criaturitas? — decía doña Adela en un rapto de ternura y de comprensión.

—Claro, claro...

Luisito se puso contento por lo de los churros, aunque cada vez entendía menos todo lo que pasaba. Los demás niños también se pusieron muy alegres.

Unos soldados pasaron cantando:

> *Y si no se le quitan bailando*
> *los dolores a la tabernera,*
> *y si no se le quitan bailando,*
> *dejáila, dejáila que se muera.*

Unos borrachos andaban a patadas con una bota vacía, y un corro de flacos veraneantes de ambos sexos cantaba a coro la siguiente canción:

> *Si soy como soy y no como tú quieres,*
> *qué culpa tengo yo de ser así.*

Daba pena ver con qué seriedad se aplicaban a su gilipollez.

Cuando la familia se puso en marcha, en el camino de vuelta al pueblo, el astro rey se complacía en teñir de color de sangre unas nubecitas alargadas que había allá lejos, en el horizonte.

La familia, en el fondo más hondo de su conciencia, se daba cuenta de que en la romería no lo había pasado demasiado bien. Por la carretera abajo, con la romería ya a la espalda, la familia iba desinflada y triste como un viejo acordeón mojado. Se había levantado un gris fresquito, un airecillo serrano que se colaba por la piel, y la familia, que formaba ahora una piña compacta, caminaba en silencio, con los pies cansados, la memoria vacía, el pelo y las ropas llenos de polvo, la ilusión defraudada, la garganta seca y las carnes llenas de un frío inexplicable.

A los pocos centenares de pasos se cerró la noche sobre el camino: una noche oscura, sin luna, una noche solitaria y medrosa como una mujer loca y vestida de luto que vagase por los montes. Un buho silbaba, pesadamente, desde el bosquecillo de pinos, y los murciélagos volaban, como atontados, a dos palmos de las cabezas de los caminantes. Alguna bicicleta o algún caballo adelantaban, de trecho en trecho, a la familia, y al sordo y difuso rumor de la romería había sucedido un silencio tendido, tan sólo roto, a veces, por unas voces lejanas de bronca o de jolgorio.

Luisito, el niño mayor, se armó de valentía y habló:

—Mamá.

—¿Qué?

—Me canso.

—¡Aguántate! También nos cansamos los demás y nos aguantamos. ¡Pues estaría bueno!

El niño, que iba de la mano del padre, se calló como se calló su padre. Los niños, en esa edad en que toda la fuerza se les va en crecer, son susceptibles y románticos; quieren, confusamente, un mundo bueno, y no entienden nada de todo lo que pasa a su alrededor.

El padre le apretó la mano.

—Oye, Encarna, que me parece que este niño quiere hacer sus cosas.

El niño sintió en aquellos momentos un inmenso cariño hacia su padre.

—Que se espere a que lleguemos a casa; éste no es sitio. No le pasará nada por aguantarse un poco; ya verás como no revienta. ¡No sé quién me habrá metido a mí a venir a esta romería, a cansarnos y a ponernos perdidos!

El silencio volvió de nuevo a envolver al grupo. Luisito, aprovechándose de la oscuridad, dejó que dos gruesos y amargos lagrimones le rodasen por las mejillas. Iba triste, muy triste y se tenía por uno de los niños más desgraciados del mundo y por el más infeliz y desdichado, sin duda alguna, de toda la colonia.

Sus hermanos, arrastrando cansinamente los pies por la polvorienta carretera, notaban una vaga e imprecisa sensación de bienestar, mezcla de crueldad y de compasión, de alegría y de dolor.

La familia, aunque iba despacio, adelantó a una pareja de enamorados, que iba aún más despacio todavía.

Doña Adela se puso a rezongar en voz baja diciendo que aquello no era más que frescura, desvergüenza y falta de principios. Para la señora era recusable todo lo que no fuera el nirvana o la murmuración, sus dos ocupaciones favoritas.

Un perro aullaba, desde muy lejos, prolongadamente, mientras los grillos cantaban, sin demasiado entusiasmo, entre los sembrados.

A fuerza de andar y andar, la familia, al tomar una curva que se llamaba el Recodo del Cura, se encontró cerca ya de las primeras luces del pueblo. Un suspiro de alivio sonó, muy bajo, dentro de cada espíritu. Todos, hasta el cabeza de familia, que al día siguiente, muy temprano, tendría que coger el tren camino de la capital y de la oficina, notaron una alegría inconfesable al encontrarse ya tan cerca de casa; después de todo, la excursión podía darse por bien empleada sólo por sentir ahora que ya no faltaban sino minutos para terminarla. El cabeza de familia se acordó de un chiste que sabía y se sonrió. El chiste lo había leído en el periódico, en una sección titulada, con mucho ingenio, «El humor de los demás»: un señor estaba de pie en una habitación pegándose martillazos en la cabeza y otro señor que estaba sentado le preguntaba: «Pero, hombre, Peters, ¿por qué se pega usted esos martillazos?», y Peters, con un gesto beatífico, le respondía: «¡Ah, si viese usted lo a gusto que quedo cuando paro!»

En la casa, cuando la familia llegó, estaban ya las dos criadas, la Nico y la Estrella, preparando la cena y trajinando de un lado para otro.

—¡Hola, señorita! ¿Lo han pasado bien?

Doña Encarnación hizo un esfuerzo.

—Sí, hija; muy bien. Los niños la han gozado mucho. ¡A ver niños! —cambió—, ¡quitaos los pantalones, que así vais a ponerlo todo perdido de resina!

La Estrella, que era la niñera —una chica peripues-

ta y pizpireta, con los labios y las uñas pintados y todo
el aire de una señorita de conjunto sin contrato que quiso
veranear y reponerse un poco —, se encargó de que los
niños obedecieran.

Los niños, en pijama y bata, cenaron y se acostaron.
Como estaban rendidos se durmieron en seguida. A la
niña de la avispa, a la Encarnita, ya le había pasado el
dolor; ya casi ni tenía hinchada la picadura.

El cabeza de familia, su mujer y su suegra cenaron a
renglón seguido de acostarse los niños. Al principio de la
cena hubo cierto embarazoso silencio; nadie se atrevía a
ser quien primero hablase: la excursión a la romería estaba demasiado fija en la memoria de los tres. El cabeza
de familia, para distraerse, pensaba en la oficina; tenía
entre manos un expediente para instalación de nueva industria, muy entretenido: era un caso bonito, incluso de
cierta dificultad, en torno al que giraban intereses muy
considerables. Su señora servía platos y fruncía el ceño
para que todos se diesen cuenta de su mal humor. La
suegra suspiraba profundamente entre sorbo y sorbo de
Vichy.

—¿Quieres más?

—No, muchas gracias; estoy muy satisfecho.

—¡Qué fino te has vuelto!

—No, mujer; como siempre...

Tras otro silencio prolongado, la suegra echó su cuarto a espadas:

—Yo no quiero meterme en nada, allá vosotros; pero
yo siempre os dije que me parecía una barbaridad gran-
dísima meter a los niños semejante caminata en el
cuerpo.

La hija levantó la cabeza y la miró; no pensaba en
nada. El yerno bajó la cabeza y miró para el plato, para
la rueda de pescadilla frita; empezó a pensar, procurando
fijar bien la atención, en aquel interesante expediente de
instalación de nueva industria.

Sobre las tres cabezas se mecía un vago presentimiento de tormenta...

UNA JIRA

L o pasamos muy bien el día de la jira campestre. Volvimos algo cansados, pero fue, sin duda, un día muy feliz.

En el pueblo había una familia patricia, la familia Domínguez: la señora viuda de Domínguez; su hija, la señora viuda de Valle, y sus nietas, las señoritas Esperanza, Olguita y Marisol, y el señorito Paco, que siempre vivía en la ciudad y rara vez asomaba sus lentes por el pueblo. El señorito Paco había salido algo fresco y tenía cada novia que ¡ya, ya! El muy tuno, además, aseguraba que el médico le había diagnosticado insuficiencia alcohólica y se pasaba el día de copeo o, como él decía, dándoselas de gracioso, trasegando.

Su padre, muerto en África de comandante, se llamaba don Isaac y había sido un hombre recto y virtuoso, un modelo de caballeros, que no pasaba por movimiento mal hecho; de haber vivido don Isaac, muy otra hubiera sido la educación recibida por el señorito Paco. Su madre siempre lo decía:

—¡Ay, si mi Isaac viviese, qué tres palos hubiera arreado a tiempo a ese burro de mi hijo!

La señora de Valle, cuando se quedó viuda, se retiró al pueblo a vivir en casa de su madre, la abuela de los chicos. Esto era por los tiempos del primer Directorio Militar.

Las señoritas Esperanza, Olguita y Marisol eran las tres altas y recias, las tres gruesas y algo bigotudas, las tres

morenas y bien plantadas. A la mayor le habían vaciado
un ojo de una pedrada que le dieron en un carnaval, hace
ya años; desde entonces, en el pueblo, y como para com-
pensar, le pusieron de mote *la Tuerta*. A la segunda la
dejó un novio viajante que tuvo, a la puerta de la iglesia; la empezaron a llamar *la Plantá*. A la tercera, que le
quedó la boca algo torcida de una enfermedad, la llamaban, simplemente, *la Tonta*. Los que las bautizaron, como
puede verse, eran un dechado de caridad y de tierno
corazón.

Pues bien: aquella jira campestre tan bonita la hicimos en compañía de *la Tuerta, la Plantá* y *la Tonta*, que
estuvieron muy chistosas y muy ocurrentes. *La Tuerta*
contó algunos chistes de tartamudos; *la Plantá* cantó lo
de la «fiel espada triunfadora que ahora brillas en mi
mano», y *la Tonta* me cargó todo el camino una bota de
vino de media arrobita, que había que llevarla en brazos, como a un niño, porque al salir del pueblo se le
rompió la cuerda.

Don Pablo, el registrador, un chico muy joven que
llevaba una magnífica carrera, ofreció llevar una sorpresa y se presentó con tres músicos de la banda — flautín,
tambor y saxofón —, que fueron tocando piezas hasta
por el camino.

Sobre las meriendas prometimos un silencio absoluto,
para después, llegado el momento, mezclarlas todas; así
resultaría más divertido. Lo malo fue que todos, menos
uno, llevamos tortilla de patatas y filetes empanados, y
de postre, plátanos y naranjas. El único que desentonó
fue un señor que estuvo una vez en Lisboa y era, por
tanto, muy cosmopolita. Este señor, que se llamaba don
Fidel del Val, lo llevó todo en conserva, en botellines y en
latas, porque decía que en el mundo era lo que se esti-
laba. Por culpa de él, por poco tenemos un contratiempo:
a Marisol, *la Tonta*, no se le ocurrió mejor cosa que beberse una botellita que ponía por fuera «Salsa del Con-
dado de Worcester», y a la pobre le entró semejante co-
lapso al vientre, que por poco se nos va.

Salvo eso, lo pasamos siempre muy bien. Las señoritas se cansaron algo porque fueron de tacón alto y de guantes, pero los hombres nos divertimos la mar, y después de la merienda, como estábamos algo bebidos, hicimos gimnasia en camiseta; a alguien se le ocurrió que debíamos hacer también unas carreras en calzoncillos, pero, al final, nos faltó valor... Las chicas se reían mucho y decían que éramos muy salados — sobre todo yo — y muy animados; lo malo fue que no se pudieron sentar en todo el tiempo porque los trajes, que eran muy finos, se les hubieran puesto perdidos.

Después se cantaron jotas y asturianas. Don Pablo, el registrador, cantó una jota que gustó mucho, una jota que era de su invención. Decía así:

Soy jurista y soriano.
Me llamo Pablo González
y brindo por los ojazos
de todas estas beldades.

— ¡Qué atrevido! ¿Verdad? — dijo una señorita.

A *la Tuerta*, sin saber por qué ni por qué no, le dio un vuelco el corazón en el pecho. A veces pasan cosas algo raras.

Después de cantar y bailar el suelto, nos sentamos a jugar a las prendas. Las señoritas no se sentaban, se agachaban un poco, como cuando se ponen a hacer aguas en la cuneta; algunas tenían la pintura algo corrida del sudor.

Unos niños nos miraban desde lejos con un aire poco tranquilizador. Afortunadamente, no llegaron a apedrearnos; la presencia de don Pablo, el registrador, fue, sin duda alguna, providencial.

Poco antes de la caída del sol emprendimos el regreso. Los hombres llegamos al pueblo lo menos media hora antes.

EL TONTO DEL PUEBLO

El tonto de aquel pueblo se llamaba Blas. Blas Herrero Martínez. Antes, cuando aún no se había muerto Perejilondo, el tonto anterior, el hombre que llegó a olvidarse de que se llamaba Hermenegildo, Blas no era sino un muchachito algo alelado, ladrón de peras y blanco de todas las iras y de todas las bofetadas perdidas, pálido y zanquilargo, solitario y temblón. El pueblo no admitía más que un tonto, no daba de sí más que para un tonto porque era un pueblo pequeño, y Blas Herrero Martínez, que lo sabía y era respetuoso con la costumbre, merodeaba por el pinar o por la dehesa, siempre sin acercarse demasiado, mientras esperaba con paciencia a que a Perejilondo, que ya era muy viejo, se lo llevasen, metido en la petaca de tabla, con los pies para delante y los curas detrás. La costumbre era la costumbre y había que respetarla; por el contorno decían los ancianos que la costumbre valía más que el Rey y tanto como la ley, y Blas Herrero Martínez, que husmeaba la vida como el can cazador la rastrojera y que, como el buen can, jamás marraba, sabía que aún no era su hora, hacía de tripas corazón y se estaba quieto. Verdaderamente, aunque parezca que no, en esta vida hay siempre tiempo para todo.

Blas Herrero Martínez tenía la cabeza pequeñita y muy apepinada y era bisojo y algo dentón, calvoroto y pechihundido, babosillo, pecoso y patiseco. El hombre era un tonto conspicuo, cuidadosamente caracterizado de tonto; bien mirado, como había que mirarle, el Blas era un tonto en su papel, un tonto como Dios manda y no un tonto cualquiera de esos que hace falta un médico para saber que son tontos.

Era bondadoso y de tiernas inclinaciones y sonreía siempre, con una sonrisa suplicante de buey enfermo, aunque le acabasen de arrear un cantazo, cosa frecuente, ya que los vecinos del pueblo no eran lo que se suele decir unos sensitivos. Blas Herrero Martínez, con su carilla de hurón, movía las orejas — una de sus habilidades — y se lamía el golpe de turno, sangrante con una sangrecita aguada, de feble color de rosa, mientras sonreía de una manera inexplicable, quizá suplicando no recibir la segunda pedrada sobre la matadura de la primera.

En tiempos de Perejilondo, los domingos, que eran los únicos días en que Blas se consideraba con cierto derecho para caminar por las calles del pueblo, nuestro tonto, después de la misa cantada, se sentaba a la puerta del café de la Luisita y esperaba dos o tres horas a que la gente, después del vermut, se marchase a sus casas a comer. Cuando el café de la Luisita se quedaba solo o casi solo, Blas entraba, sonreía y se colaba debajo de las mesas a recoger colillas. Había días afortunados; el día de la función de hacía dos años, que hubo una animación enorme, Blas llegó a echar en su lata cerca de setecientas colillas. La lata, que era uno de los orgullos de Blas Herrero Martínez, era una lata hermosa, honda, de reluciente color amarillo con una concha pintada y unas palabras en inglés.

Cuando Blas acababa su recolección, se marchaba corriendo con la lengua fuera a casa de Perejilondo, que era ya muy viejo y casi no podía andar, y le decía:

—Perejilondo, mira lo que te traigo. ¿Estás contento?

Perejilondo sacaba su mejor voz de grillo y respondía:

—Sí..., sí...

Después amasaba las colillas con una risita de avaro, apartaba media docena al buen tuntún y se las daba a Blas.

—¿Me porté bien? ¿Te pones contento?

—Sí..., sí...

Blas Herrero Martínez cogía sus colillas, las desliaba y hacía un pitillo a lo que saliese. A veces salía un cigarro algo gordo y a veces, en cambio, salía una pajita que casi ni tiraba. ¡Mala suerte! Blas daba siempre las colillas que cogía en el café de la Luisita a Perejilondo, porque Perejilondo, para eso era el tonto antiguo, era el dueño de todas las colillas del pueblo. Cuando a Blas le llegase el turno de disponer como amo de todas las colillas, tampoco iba a permitir que otro nuevo le sisase. ¡Pues estaría bueno! En el fondo de su conciencia, Blas Herrero Martínez era un conservador, muy respetuoso con lo establecido, y sabía que Perejilondo era el tonto titular.

El día que murió Perejilondo, sin embargo, Blas no pudo reprimir un primer impulso de alegría y empezó a dar saltos mortales y vueltas de carnero en un prado adonde solía ir a beber. Después se dio cuenta de que eso había estado mal hecho y se llegó hasta el cementerio, a llorar un poco y a hacer penitencia sobre los restos de Perejilondo, el hombre sobre cuyos restos, ni nadie había hecho penitencia, ni nadie había llorado, ni nadie había de llorar. Durante varios domingos le estuvo llevando las colillas al camposanto; cogía su media docena y el resto las enterraba con cuidado sobre la fosa del decano. Más tarde lo fue dejando poco a poco y, al final, ya ni recogía todas las colillas; cogía las que necesitaba y el resto las dejaba para que se las llevase quien quisiese, quien llegase detrás. Se olvidó de Perejilondo y notó que algo raro le pasaba: era una sensación extraña la de agacharse a coger una colilla y no tener dudas de que esa colilla era, precisamente, de uno...

BODA EN EL CAFÉ

En el Café se va a celebrar el festín de la boda menestral. El negro mármol de los veladores se ha vestido de lino, y del cristal de los vasos brota, insospechadamente, la plegada servilleta de papel de seda.

Un vaho de dicha flota en el aire del Café, rebotando del reloj a la niquelada cafetera exprés; de la cobriza registradora, a la anaquelería adornada con botellas de anís; de las doradas barras que sostienen (íbamos a decir «guardan») los abrigos, al casco plateado que esconde el triste trapo gris, que se alimenta, como un poeta lírico, de descuidos.

El Café está lleno, como siempre, y de bote en bote, pero las mesas de la merienda nupcial — chocolate con suizo, vaso de leche y tagarnina — están desiertas, orgullosamente inmaculadas en medio del tumulto.

Algunos rezagados ajedrecistas o poetas — oficios abstractos — merodean por las mesas próximas a lo que todavía es tierra de nadie, y los camareros — que probablemente se llamarán Manolo, Pedro, Juanito, Eduardo — están como desorientados, vagando por entre las mesas donde nadie pide nada, ni exprés solo o con leche, ni bicarbonato, ni un «botones» que lleve una carta o traiga un periódico.

Es extraño el aire de aquel sector del Café vestido de punta en blanco y desierto como la cabeza de un rimador. Una preocupación evidente por lo que va a pasar — y cómo y de qué manera pasará — salta de tertulia en tertulia, y los habituales de la tertulia de la derecha, que en los días corrientes, en los días que son «todos los días», no se saludan con los de la tertulia de la izquierda o con los de la tertulia del centro, miran sonrientes a los de las demás tertulias, como buscando un aliado ante el invasor.

Como los de las tertulias, por respeto a la zona acotada, están más próximos que nunca y dando ya codo con codo, se establece entre todos un tacto de codos que hubiera podido terminar en motín si alguien hubiera dado la voz de «¡A las armas!»

Pero, como siempre pasa cuando mucho se teme, nada sucede. Don Pepe discurre por entre las mesas conteniendo con la mirada a los posibles sediciosos, y los posibles sediciosos, con un fondo insobornablemente pequeño burgués, se conforman con mirar atónitos a derecha e izquierda y con seguir diciendo a los camareros el eterno «mañana te pago».

Y como en esta vida todo llega, con el tiempo llega también el instante en que las aspas de la puerta giran y en el Café se adentra, con aire desafiador, el primer invitado de la boda: un niño con un traje gris modelo mocito, nuevo, reluciente, impoluto.

Como si estuvieran esperando a que alguien rompiese el fuego, tras el niño se cuelan en el Café uno, dos, tres, cuarenta, setenta, hasta cien comensales.

Se sientan donde pueden y se quedan en silencio, quietos, en el fondo un poco fastidiados. Hablan en bajo, con timidez y saben que la hora del triunfo, la hora del aquelarre, aún no ha llegado: ha de coincidir, por toda una serie de respetos sobreentendidos, con la llegada de la pareja feliz.

El comensalaje es variopinto y peculiar. Desde el padre, todo el año serio y un día jaranero, que piensa dar un grito original, por ejemplo, «¡Viva yo!», hasta el tío, todo el año juerguista y hoy sesudo y comedido, que está deseando que la cosa acabe como sea, pero cuanto antes, toda la fauna familiar y doméstica se sienta ante las mesas de la fiesta.

Los novios tardan y algunas señoritas que se impacientan se hacen unos lazos para el pelo con las servilletas de papel. Los señores mayores, mientras tanto, se hacen señas como dando a entender que están en el secreto de la tardanza.

Se empiezan a contar chistes de colorido diverso, y los nervios, como puestos de acuerdo, comienzan a hacer chocar las cucharillas contra las tazas. Como los nervios de casi todo el mundo son siempre iguales, el metal blanco, al chocar contra la loza, canta: «una copita de ojén». Algunas cucharillas discordes entonan el «no me mates con tomate, mátame con bacalao»; son las cucharillas heterodoxas, las cucharillas de los eternos descontentos, que todo lo encuentran mal y se obstinan en ir contra la corriente.

Hay unos momentos de presentido silencio y la puerta giratoria, como una noria verbenera, lanza a los novios dentro del Café. Primero entra la novia — cuarenta años, treinta arrobas, innúmeros granos y mantilla española — e inmediatamente se cuela el novio — edad indefinida, veinticinco onzas, bigote a lo John Gilbert, smoking y síntomas de avitaminosis —.

Una voz estentórea resuena en todo el ámbito del Café: «¡Vivan los novios!». Un ingenioso vitorea al padrino, que, un tanto precipitadamente, tira puros al aire en una piñata en la que casi todos los premios se los llevaron los poetas de los alrededores que, ojo avizor, estaban a lo que cayese. El señor que lo tenía pensado suelta su «¡Viva yo!», que alcanza un gran éxito, y las señoritas de los lazos de papel empiezan sin comedimiento alguno a engullir chocolate.

Los novios se sientan y sonríen. El festín ha comenzado y una nueva vida empieza para los dos. La madrina está triste; probablemente le aprietan los zapatos.

EL CAFÉ DE LA LUISITA

EL Café de la Luisita es grande como una catedral, destartalado como un garaje, sucio y maloliente como una cuadra, con el triste y frío mal olor de las cuadras vacías, de las cuadras que no guardan, igual que una reliquia, el tibio y tierno aliento del ganado.

El Café de la Luisita no es único en el pueblo. El pueblo tiene cinco cafés: uno, el Ideal, incluso bien instalado, casi limpio, con los asientos tapizados de terciopelo verde y en las mesas, en vez de mármol, una sustancia gris muy higiénica, que se puede rayar con la uña y que parece goma de borrar.

Los Cafés que hay en el pueblo, como decimos, son cinco, a saber:

1. El Ideal, que es el que enseñan a los forasteros y que es al que van las señoritas y los jóvenes del pueblo que estudian en la capital, cuando vienen de vacaciones a respirar aire puro y a sacar la barriga de mal año y tomar un poco de lustre en la cara. Es un Café aburrido.

2. El Suizo. Éste es un Café para gente más seria, para señoras de luto por las mañanas temprano, a la vuelta de misa, y para viajantes de comercio, por las tardes, después de comer. En algunas mesas se juega al dominó porque siempre hay algún viajante de Valladolid o de Orense, que, como el lector sabe, son las dos ciudades del mundo donde más afición hay a ese juego que, a primera vista, parece fácil, pero después se ve que no, que no es fácil. A veces, también va al Café Suizo, un ratito por las tardes, el registrador.

3. El Nuevo Café, que es el decano, que es un Café que debe tener ya lo menos sesenta años. Los asientos son de peluche colorado, con rozaduras negras por algunos lados, y las mesas son de mármol veteado y con las patas de hierro. En realidad, es el Café más Café que hay en el pueblo; en casi todas las mesas se ve un tarrito de bicarbonato. El Nuevo Café tiene un público de gente de orden, que hablan con nostalgia del talento y de la rectitud de don Cándido Nocedal y de lo cara que se está poniendo la vida.

4. El Imperio. El Imperio es todo lo contrario del Nuevo. Su dueño, don Jesús Aguirre, es un punto de mucho cuidado, a pesar de su venerable aspecto y de su barbita blanca. Este Café, antes, se llamaba Café París, pero don Jesús, cuando empezó la guerra, cogió miedo, y, un poco por el qué dirán, le puso Café Imperio; antes había pensado ponerle Hernán Cortés o Café Roma o Romano, tenía sus dudas, pero le dijo un amigo que no estaba muy clara la intención, y entonces cortó por lo sano y le puso Café Imperio. Era, esa es la verdad, un Café poco recomendable, y las gentes conservadoras lo miraban con prevención y con inquina.

5. El Andalucía, más vulgarmente conocido con el nombre de Café de la Luisita. Éste era el más jaranero y donde se estaba mejor. La Luisita, que pasaba ya del medio siglo, era una gorda que estaba siempre al pie del cañón; su marido era un borracho flaquito y deslucido que no servía para nada.

El Café de la Luisita, aunque, como decíamos, era grande y desgarbado, tenía, sin embargo, ciertos detalles; el más bonito de todos era un letrero de fina caligrafía rameada, donde se leía: «Pida usted un Luisita concentrado y tomará un buen café. Precio, 1,50 ptas.»

Al Café de la Luisita iban los jóvenes, y los viejos que no se resignaban a serlo. Había radio y billar y la gente hablaba en voz alta, animadamente, mientras jugaba su partida de subastado o de mus. En una mesa, dos tíos solitarios echaban todos los días su ajedrez; eran dos tipos silenciosos y poco simpáticos que miraban a los demás por encima del hombro. Un día acabarían partiéndoles la boca.

Éstos eran los Cafés de aquel pueblo. Bares había algunos y tabernas muchas, todas llenas de gente ordinaria y mal vestida. Para hablar de todas aquellas tabernas y de sus habitantes haría falta un libro entero.

PREGÓN DE FERIA

Hablo de un viejo trozo de historia oído en mi casa, hace ya tiempo, y conservado de un tiempo aún más lejano todavía. Se trataba de Cosme Leclus, primo segundo de mi padre, hombre de vida más bien irregular. Cosme Leclus vivió parte de sus días de algunos millares de francos, herencia de su madre; cuando se le terminaron, se mandó hacer cien empanadas de lamprea y se fue de feria en feria, a real la rifa. Un día tuvo mala suerte: cinco clientes se le murieron envenenados. Cosme Leclus, que era un sentimental, cogió reparos y liquidó el negocio. Las veinticinco empanadas que sobraban se las regaló a un colegio de huérfanos; él no quería responsabilidades ni remordimientos de conciencia. Anduvo algún tiempo algo desorientadillo, pero pronto reaccionó. Por las fechas de que se hablaba, Cosme Leclus vivía de vender romances y explicar crímenes por las plazas de los pueblos. Parece ser que le iba bastante bien. Lo que aquí copio es uno de sus pregones; tengo buena memoria y pude repetirlo casi por entero. (Algunos trozos me ayudó a completarlos don Damián Leclus, notario en un partido gallego y hermano del juglar. A él quiero hacer patente mi agradecimiento.)

—*¡La oración de la Virgen del Carmen y El sepulcro o lo que puede el amor! ¡El bonito tango del brigadier Villacampa! ¡Las décimas compuestas por un reo estando en capilla en la ciudad de Sevilla llamado Vicente Pérez, corneta de La Habana! ¡Las atrocidades de Margarita Cisneros, joven natural de Tamarite! ¡La insurrección de*

Cuba! ¡El pastor y la zagala! y *¡La canción del cachirulo
o del Curro marinero!* ¡A cinco! ¡Compre usted la bonita
copla de moda, a cinco! ¡Para jóvenes y viejos, para mozas y casadas, para quintos, para cabos y tenientes generales! ¡No empujen, que hay para todos!¡ ¡Pasen, señores, pasen y vayan pasando! ¡Coplas morales, satíricas y
religiosas! ¡Coplas permitidas hasta por la Policía! ¡Coplas para la madre y para la esposa! ¡Coplas para la
suegra y para las cuñadas o hermanas políticas! *¡Las fal-
tas de los hombres sacadas a relucir por un congreso de
mujeres de experiencia! ¡La vida y martirio de los glorio-
sos San Cipriano y Santa Justina! ¡Relación de los crímenes que cometieron los dos fieles amantes, don Jacinto
del Castillo y doña Leonor de la Rosa, para conseguir sus
promesas de amor!* ¡A cinco! ¡Todo a cinco! *¡Los amantes de Teruel y la jota del Dúo de la Africana!* ¡Para la
novia y para el novio! ¡Para el padre de familia y para
el librepensador! *¡Canción de los milagros que obró el
Santo Ángel de la Guarda!* ¡Se ruega un poco de orden!
¡El orden es el fundamento de la sociedad! ¡Aparta, niño,
que no dejas ver! *¡La renegada de Valladolid!* ¡Que te
he dicho que te apartes! *¡Trovos nuevos para cantarse
con guitarra! ¡El cuatro y el tres! ¡La historia de don
Juan de Serrallonga! ¡Las famosas hazañas de un conejo
y una langosta, relatadas por ellos mismos!* ¡Algo pasmo-
sa, algo asombroso, algo nunca visto! ¡A cinco! ¡Compre usted la bonita copla de moda, a cinco! *¡La Rosaura
del Guante y relación de sus aventuras con don Antonio
de Narváez desde su primer encuentro hasta lograr su
feliz matrimonio!* ¡Hagan corro, señores, que va de cuento! ¡A cinco! ¡Quién quiere una copla, a cinco! ¡Narra-
tivas, instructivas y morales! ¡A cinco! ¡Después es tarde! ¡No ofrezco el elixir de la juventud ni el jarabe de
la belleza! ¡El viejo, viejo queda, y las feas que se aguan-
ten, que para eso están! ¡Yo ofrezco el alimento del
alma, a cinco! ¡A cinco! ¡Hagan corro, señores! ¡Chico,
suelta la cortina! ¡Escuchen señores, y no pierdan ripio,
que no repito! ¡Niño, lárgate! ¡Van a oír ustedes la pieza

titulada *Margarita de Borgoña, Reina de Francia*, romance histórico de los sangrientos asesinatos perpetrados por la dicha Margarita en la Torre de Nesle y el ejemplar castigo que sufrieron ella y su cómplice! ¡Atención, respetable público, que voy a empezar! ¡Se ruega no interrumpir! ¡En los pueblos cultos nadie tira piedras al artista! ¡Va, señores! ¡Permítanme antes que les recuerde que llevo la *Historia del hijo pródigo y El nuevo diálogo entre un oficial y una pastora catalana! ¡Canción del corregidor y la molinera y Carta amorosa que escribió un memorialista a una joven para remitir a su querido amante! ¡Los credos· libertarios y la religión al alcance de todos!* ¡A cinco! ¡Repito, señores, a cinco! ¡*Nueva canción sepulcral titulada El panteón!* ¡No se empujen, que hay para todos! ¡Un poco de orden, que pago contribución! *¡Los hechos memorables de Juana la valerosa! ¡El trágico fin que tuvo Sebastiana del Castillo después de haber asesinado a su padre, madre y hermanos y a un pastorcito de cabras, fiel criado de la familia!* ¡Ábranse, señores, que ahora empiezo! ¡Ahora va de veras! ¡Niño, aparta o te arreo un punterazo en mitad del culo! ¡Fíjense, señores, miren para la pintura hecho en esmalte del mejor. en esmalte americano! ¡No saca uno para los gastos! ¡Todo sea por la cultura! ¡A cinco, señores, tan sólo a cinco! ¡Descúbranse, señores, que empiezo!

> *Sagrada Virgen María,*
> *Antorcha del Cielo Empíreo,*
> *Hija del Eterno Padre,*
> *Madre del Supremo Hijo*
> *y del Espíritu Esposa...*

(Cosme Leclus casi nunca pasaba más adelante. Él usaba sus minutos lo mejor que podía; pero, al llegar hasta donde llevábamos dicho, solía aparecer la Guardia Civil, que disolvía el grupo de oyentes. Las gentes se iban marchando con la cabeza gacha, y Cosme Leclus, al tiempo de recoger sus bártulos, decía entre dientes: «Lo de siempre, igual le pasaba a Isaac Peral».)

EL GALLEGO Y SU CUADRILLA

Al doctor don Mariano Moreno,
que me cosió el cuello.

En la provincia de Toledo, en el mes de agosto, se pueden asar las chuletas sobre las piedras del campo o sobre las losas del empedrado, en los pueblos.

La plaza está en cuesta y en el medio tiene un árbol y un pilón. Por un lado está cerrada con carros, y por el otro con talanqueras. Hace calor y la gente se agolpa donde puede; los guardias tienen que andar bajando mozos del árbol y del pilón. Son las cinco y media de la tarde y la corrida va a empezar. *El Gallego* dará muerte a estoque a un hermoso novillo-toro de don Luis González, de Ciudad Real.

El Gallego, que saldrá de un momento a otro por una puertecilla que hay al lado de los chiqueros, está blanco como la cal. Sus tres peones miran para al suelo, en silencio. Llega el alcalde al balcón del Ayuntamiento y el alguacil, al verle, se acerca a los toreros.

—Que salgáis.

En la plaza no hay música, los toreros, que no torean de luces, se estiran la chaquetilla y salen. Delante van tres, *el Gallego*, *el Chicha* y *Cascorro*. Detrás va Jesús Martín, de Segovia.

Después del paseíllo, *el Gallego* pide permiso y se queda en camiseta. En camiseta torea mejor, aunque la camiseta sea a franjas azules y blancas, de marinero.

El Chicha se llama Adolfo Dios, también le llaman

Adolfito. Representa tener unos cuarenta años y es algo bizco, grasiento y no muy largo. Lleva ya muchos años rodando por las plazuelas de los pueblos, y una vez, antes de la guerra, un toro le pegó semejante cornada, en Collado Mediano, que no le destripó de milagro. Desde entonces, *el Chicha* se anduvo siempre con más ojo.

Cascorro es natural de Chapinería, en la provincia de Madrid, y se llama Valentín Cebolleda. Estuvo una temporada, por esas cosas que pasan, encerrado en Ceuta, y de allí volvió con un tatuaje que le ocupa todo el pecho y que representa una señorita peinándose su larga cabellera y debajo un letrero que dice: «Lolita García, la mujer más hermosa de Marruecos. ¡Viva España!». *Cascorro* es pequeño y duro y muy sabio en el oficio. Cuando el marrajo de turno se pone a molestar y a empujar más de lo debido, *Cascorro* lo encela cambiándole los terrenos, y al final siempre se las arregla para que el toro acabe pegándose contra la pared o contra el pilón o contra algo.

—Así se ablanda — dice.

Jesús Martín, de Segovia, es el puntillero. Es largo y flaco y con cara de pocos amigos. Tiene una cicatriz que le cruza la cara de lado a lado, y al hablar se ve que es algo tartamudo.

El Chicha, *Cascorro* y Jesús Martín andan siempre juntos, y cuando se enteraron de que al *Gallego* le había salido una corrida, se le fueron a ofrecer. *El Gallego* se llama Camilo, que es un nombre que abunda algo en su país. Los de la cuadrilla, cuando lo fueron a ver, le decían:

—Usted no se preocupe, don Camilo, nosotros estaremos siempre a lo que usted mande.

El Chicha, *Cascorro* y Jesús Martín trataban de usted al matador y no le apeaban el tratamiento: *el Gallego* andaba siempre de corbata y, de mozo, estuvo varios años estudiando Farmacia.

Cuando los toreros terminaron el paseíllo, el alcalde miró para el alguacil y el alguacil le dijo al de los chiqueros:

—Que le abras.

Se hubiera podido oír el vuelo de un pájaro. La gente se calló y por la puerta del chiquero salió un toro colorao, viejo, escurrido, corniveleto. La gente, en cuanto el toro estuvo en la plaza, volvió de nuevo a los rugidos. El toro salió despacio, oliendo la tierra, como sin gana de pelea. Valentín lo espabiló desde lejos y el toro dio dos vueltas a la plaza, trotando como un borrico.

El Gallego desdobló la capa y le dio tres o cuatro mantazos como pudo. Una voz se levantó sobre el tendido:

—¡Que te arrimes, *esgraciao!*

El Chicha se acercó al *Gallego* y le dijo:

—No haga usted caso, don Camilo, que se arrime su padre. ¡Qué sabrán! Éste es el toreo antiguo, el que vale.

El toro se fue al pilón y se puso a beber. El alguacil llamó al *Gallego* al burladero y le dijo:

—Que le pongáis las banderillas.

El Chicha y *Cascorro* le pusieron al toro, a fuerza de sudores, dos pares cada uno. El toro, al principio, daba un saltito y después se quedaba como si tal cosa. *El Gallego* se fue al alcalde y le dijo:

—Señor alcalde, el toro está muy entero, ¿le podemos poner dos pares más?

El alcalde vio que los que estaban con él en el balcón le decían que no con la cabeza.

—Déjalo ya. Anda, coge el pincho y arrímate, que para eso te pago.

El Gallego se calló, porque para trabajar en público hay que ser muy humilde y muy respetuoso. Cogió los trastos, brindó al respetable y dejó su gorra de visera en medio del suelo, al lado del pilón.

Se fue hacia el toro con la muleta en la izquierda y el toro no se arrancó. La cambió de mano y el toro se arrancó antes de tiempo. *El Gallego* salió por el aire y, antes de que lo recogieran, el toro volvió y le pinchó en el cuello. *El Gallego* se puso de pie y quiso seguir. Dio tres muletazos más, y después, como echaba mucha sangre, el alguacil le dijo:

—Que te vayas.

Al alguacil se lo había dicho el alcalde, y al alcalde se lo había dicho el médico. Cuando el médico le hacía la cura, *el Gallego* le preguntaba:

—¿Quién cogió el estoque?

—*Cascorro.*

—¿Lo ha matado?

—Aún no.

Al cabo de un rato, el médico le dijo al *Gallego:*

—Has tenido suerte, un centímetro más y te descabella.

El Gallego ni contestó. Fuera se oía un escándalo fenomenal. *Cascorro,* por lo visto, no estaba muy afortunado.

—¿Lo ha matado ya?

—Aún no.

Pasó mucho tiempo, y *el Gallego,* con el cuello vendado, se asomó un poco a la reja. El toro estaba con los cuartos traseros apoyados en el pilón, inmóvil, con la lengua fuera, con tres estoques clavados en el morrillo y en el lomo; un estoque le salía un poco por debajo, por entre las patas. Alguien del público decía que a eso no había derecho, que eso estaba prohibido. *Cascorro* estaba rojo y quería pincharle más veces. Media docena de guardias civiles estaban en el redondel, para impedir que la gente bajara...

BAILE EN LA PLAZA

L a corrida de toros ha terminado. Aún no se han ido las autoridades del balcón del Ayuntamiento y aún los mozos más jóvenes, los que todavía no están emparejados, no acabaron de empapar en sangre los pisos de esparto de las alpargatas. Las alpargatas mojadas en sangre de toro duran una eternidad; según dicen, cuando a la sangre de toro se mezcla algo de sangre de torero, las alpargatas se vuelven duras como el hierro y ya no se rompen jamás.

Hombres ya maduros, casados y cargados de hijos, usan todavía el par de alpargatas que empaparon en la sangre de *Chepa del Escorial,* aquel novillero a quien un toro colorao mató, el verano del año de la República, de cuarenta y tantas cornadas sin volver la cabeza.

Los mozos y las mozas, en dos grandes grupos aparte que se entremezclan un poco por el borde, se miran con un mirar bovino, caluroso y extraño. La charanga rompe a tocar el pasodoble «Suspiros de España», y las mozas, como a una señal, se ponen a bailar unas con otras. Bailan moviendo el hombro a compás y arrastrando los pies. Sobre la plaza comienza a levantarse una densa nube de polvo que huele a churros, a sudor y a pachulí. Algunos mozos, más osados, rompen las parejas de las mozas; hay unos momentos de incertidumbre, que duran poco, cuando todavía no está claro quién va a bailar con quién. Los mozos bailan con el pitillo en la boca y no hablan; llevan el mirar perdido y la gorra de visera en la mano derecha, apoyada sobre el lomo de la moza. Los forasteros, que siempre son más decididos, hablan a veces.

—Baila usted muy bien, joven.

La moza sonríe.

—No; que me dejo llevar...

El mozo hace un esfuerzo y vuelve al ataque. Antes ha mirado a los ojos de la moza, que le huyen como dos liebres espantadas.

—¿Cómo se llama usted?

—Es usted muy curioso...

El mozo, aunque siempre recibe la misma respuesta, está unos instantes sin saber qué decir.

—No, joven; no es que sea curioso.

—¿Entonces?

—Es que era para llamarla por su nombre. ¿No me dice usted cómo se llama?

La banda ha arrancado con un vals, y la pareja, que no se suelta, sigue la conversación:

—Sí, ¿por qué no? Me llamo Paquita, para servirle.

La moza, después de su confesión, se azara un poco y mira para los lados.

—Oiga, que esto es un vals; no me agarre tan fuerte...

Al vals sucede un pasodoble, y al pasodoble otro vals. Algunas veces, y como para complacer a todos, la murga toca un fox de un ritmo antiguo, veloz y entrecortado, como el volar de los vencejos.

Las parejas tienen un gesto entre cansado y evadido y, si se fijasen un poco, notarían que les duelen los pies. La plaza está de bote en bote con la gente de los tendidos, de los balcones, de los carros y de las talanqueras volcadas, como un chocolate a la española, sobre la arena. No puede darse un paso ni casi respirar. Suena la campanilla de la rifa: —«¡A probar la suerte! ¡A diez la tira!» — rechina el cornetín de las varietés. — «La pareja de baile de París, sólo por un día» — grazna el viejo churrero tuerto su mercancía. — «¡Que aquí me dejo la vida, que queman, que queman!» — Y un mendigo adolescente enseña sus piernas flaquitas a un corro de niños, pasmados y renegridos.

Mientras viene cayendo, desde muy lejos, la noche, comienzan a encenderse las tímidas bombillas de la plaza. Sobre el rugido ensordecedor del pueblo en fiesta se distinguen de cuando en cuando algunos compases de «España cañí». Si de repente, como por un milagro, se muriesen todos los que se divierten, podría oírse sobre el extraño silencio el lamentarse sin esperanza del pobre *Horchatero Chico*, que con una cornada en la barriga, aún no se ha muerto. *Horchatero Chico*, vestido de luces y moribundo, está echado sobre un jergón en el salón de sesiones del Ayuntamiento. Le rodean sus peones y un cura viejo; el médico dijo que volvería.

Las lucecillas rojas, y verdes, y amarillas, y azules de los tenderetes, también comienzan a encenderse. Un perro escuálido se escabulle, con una morcilla en la boca, por entre la gente, y dos carteristas venidos de la capital operan sobre los mirones de una partida de correlativa en el Café Madrileño.

Los mozos con éxito hablan, ya sin bailar, con la moza propicia.

—Pues sí; yo soy de ahí abajo, de Collado.

La moza coquetea como una princesa.

—¡Huy, qué borrachos son los de su pueblo!

—Los hay peores.

—Pues también es verdad.

Un grupo de chicas, cogidas del brazo, cantan coplas con la música del «¡Ay, qué tío!», y un grupo de quintos entona canciones patrióticas; menos mal que todos son de Infantería; si fuesen de Armas distintas, ya se habrían roto la cara a tortas.

Cae la noche; las preguntas de los mozos adquieren un tinte casi picante.

—Oiga, joven, ¿tiene usted novio?

La moza se calla siempre; a veces, ofendida; en ocasiones, mimosa.

Un borracho perora sin que nadie lo mire. Fuera de

la plaza, el vientecillo de la noche sube por las callejas.

Sobre el sordo rumor del baile, casi a compás del pasodoble de «Pan y toros», las campanas de la parroquia doblan a muerto sin que nadie las oiga.

Horchatero Chico, natural de Colmenar, soltero, de veinticuatro años de edad y de profesión matador de reses bravas (novillos y toros), acaba de estirar la pata; vamos, quiere decirse que acaba de entregar su alma a Dios.

—Oiga, joven; ¿está usted comprometida?

La moza dice que no con un hilo de voz emocionada.

—Entonces, ¿me permite usted que la trate de tú?

La pareja, en el oscuro rincón, tiene las manos enlazadas con dulzura, como las bucólicas parejas de los tapices.

Un murciélago vuela, entontecido, a ras de los toldos de lona de los puestos y de las barracas.

ORQUESTA EN EL LOCAL

En el local había orquesta, una orquesta traída especialmente de la capital. La orquesta la formaban seis hombres, ya no jóvenes, de pantalón gris y americana color naranja. Se llamaban «Los magos del ritmo moderno», según decían unos prospectos de anuncio que repartieron por el pueblo, al salir la gente de misa, y estaban especializados en difundir las más alegres melodías del extranjero y las más dulces intimidades del ritmo afrocubano, tan lleno de cadencia y sentimiento. Esto también lo decían en el prospecto. Después, sobre el terreno, los hombres hacían lo que podían y lo que les dejaban, y tanto servían para un roto como para un descosido.

Uno de los magos del ritmo moderno, el del piano, no iba de uniforme, sino de paisano. La cosa era fácil de explicar; el pianista anterior se había muerto, quince días atrás, y la viuda no había querido desprenderse de la americana color naranja.

—Claro, la querrá usted guardar de recuerdo — le dijo el del saxofón, que se llamaba Serafín Suárez y era un asturiano medio albino.

—No, hijo — le contestó la viuda —, que de la americana salen muy bien dos pantalones para mi Joaquinito, que el pobre no tiene qué ponerse.

—Si es así, no digo nada; pero es que como el del piano tiene que hacerse una americana, pues habíamos pensado que a lo mejor usted quería cederla..., vamos, vendérsela.

—Pues no, joven, que por la ropa usada nadie da ni un real. Que ahorre, como ahorró mi Joaquín.

—Bueno, como guste, yo no he querido molestarla.

—Ya sé.

El pianista actual, que en vida de Joaquín del Peral era como su sobresaliente de espada, como estaba todavía ahorrando, iba, como decimos, de paisano. Eso, en los pueblos, lo perdonaban; en realidad, ni se daban cuenta siquiera.

La orquesta «Los magos del ritmo moderno» estaba constituida por los siguientes músicos:

1. Felipe Ortiz, piano. Éste, aun siendo el más nuevo del sexteto, lo ponemos el primero, porque en esta clase de orquestas, el piano, no se sabe por qué, es siempre un poco el director.

2. Roberto del Rey, violín. Cuando llegaba el momento, éste era el que cantaba al micrófono; cantaba en voz baja, pero con buen estilo, y se ponía triste o alegre, según hiciese falta.

3. Paco Zorita, violín. En los tangos tocaba el bandoneón, sentado en una banqueta baja, como las costureras.

4. Luis D'Alvarette, violón. Tocaba también las maracas y hacía la segunda voz, con Roberto del Rey, en algunas piezas.

5. Serafín Suárez, saxofón. Hombre simpático y de buenos pulmones, que resistía mucho soplando y que se ponía bizco con mucha gracia llegado el momento, y

6. Spíritu Santo Oliveira, batería. Éste era un mulato portugués, hombre de mucho mundo y de mucho sentido musical, que había sido chófer de «taxi» en Barcelona.

La orquesta, antes de morir Joaquín del Peral, que era también compositor (citemos, entre sus piezas más notables, los boleros «Ya todo pasó» y «Orinoco», el tango «Flor de desdén» y el pasodoble «Aires de la serranía»), se llamaba algunas veces «Del Peral y sus artistas bohemios», nombre de mucho efecto en locales pequeños.

Pues bien, en aquel local — que se llamaba «El Recreo» y antes de la guerra «El Paraíso Perdido» — la orquesta «Los magos» hacía, como decimos, lo que sabía, y procuraba salir del paso quedando lo mejor posible.

El local era una nave inmensa y destartalada, con el suelo de cemento y una cenefa de bancos todo alrededor, que en la guerra había sido cuartel, primero de los rojos y después de los nacionales. A diario tenía un público de jovencitos de ambos sexos de la colonia, que bailaban el bougui-bougui con un gramófono de maleta, pero los sábados por la noche y los domingos y fiestas de guardar por la tarde — y en la semana de fiestas todos los días, tarde y noche —, el público era más hecho, de más edad: las criadas de los veraneantes, algunos veraneantes aficionados a las criadas, los forasteros y las dos docenas de mozos tarambanas que nunca faltan en ningún pueblo.

En «El Recreo» se bailaba a la misma hora que en la plaza, pero los dos públicos estaban bastante definidos y, por regla general, no había interferencias; el de «El Recreo» era más selecto, pero menos de fiar, y el de la plaza era más pobre, pero, por lo común, más respetuoso. En la plaza el baile, claro es, era de balde, y en «El Recreo» costaba tres pesetas en seco y seis con consumición, los caballeros, y las señoritas, siempre a seco, salvo convite, por rigurosa invitación. A las chicas de la colonia, sus padres las dejaban bailar en la plaza, pero no en «El Recreo».

Cuando el baile llegaba a su apogeo, que solía ser de nueve a nueve y media de la noche, el ruido de los pies y de las conversaciones era ensordecedor, y a los magos del ritmo moderno, por más que es esforzaban, no se les oía más que desde muy cerca. El calor era sofocante, la gente sudaba a chorro y no se podía dar ni un paso. Algunas parejas más abstraídas — de esas que bailan despacito y mirándose a los ojos — ni se daban cuenta, a veces, de que la orquesta había parado y seguían moviéndose como si tal cosa. Otras parejas, las de los que lo hacen bien — que bailan todo de lado y muy de prisa —, sí que prestaban más atención y se aplicaban con mayor ahínco. El resto de las parejas, la mayoría — que ni lo hacen bien, sino ni fu ni fa, y que no están en la luna, pero tampoco demasiado sobre la tierra —, se dedicaban a la conversación, una charla llena de segundas intenciones y de picardía:

—¿Tiene usted novio?

—No, que se tiene solo.

—¡Mira qué mona!

—Para monas las del circo.

—Oiga, ahora en serio. ¿Me acepta usted una copita?

—Si es capricho...

Las parejas que se tuteaban eran menos finas:

—¿Por qué miras a ése?

—¿A quién?

—A ese del bigotillo; a ese niño litri que parece un tísico.

—Pero si no lo miro...

A las diez en punto, «Los magos del ritmo moderno» tocaban «Valencia es la tierra de las flores, del color y la armonía» muy de prisa; era la señal del fin. Entonces, la gente desfilaba y ellos se iban a cenar y a echarse agua por la nuca para estar bien frescos. A las once empezaban de nuevo hasta la madrugada o hasta que llegase la pareja de la Guardia Civil; después de las dos, como el público no se comportase, el baile de «El Recreo» podía acabar en cualquier momento.

UNA FUNCIÓN DE VARIETÉS

UNA hora antes, de la hora de empezar, hubo un ligero barullo. Se confundieron en la taquilla y las filas 11, 12 y 13 las vendieron dos veces. Sonaron algunas tortas, intervino la Guardia Civil, pasó el tiempo necesario y la función de varietés comenzó en el Teatro Cervantes con un lleno absoluto. Esto de las funciones de varietés es algo que siempre llama mucho la atención.

El programa no era muy rico, aunque sí algo variado. Primero salió un joven de smoking y con las mejillas pintadas y echó un discursete; la gente empezó a meter el pie hacia la mitad, pero el joven, que debía estar ya muy acostumbrado, siguió como si tal cosa. El del piano, que tenía una colilla de puro apagada en la boca y un ramito de hierbas en el ojal de la americana de fantasía color azul eléctrico, comenzó a tocar un schotis, y en el escenario apareció una pareja que se puso a bailar. Él iba vestido, más bien que de chulillo madrileño, de apache marsellés, y ella llevaba un traje de tafetán color de rosa como el que se ponen las señoritas de la buena sociedad para representar un cuadro artístico a beneficio de los pobres. Se llamaban Lina and Paco, y su actuación, la verdad, pasó sin pena ni gloria.

Después salió un señor con botines y bombín, como de unos cincuenta años, que contó procacidades con una voz aguardentosa que hizo mucha gracia. Fue muy festejado, aunque del piso de arriba le comentaron algunos chistes con poco respeto. El señor se llamaba don Tiroliro.

A continuación, seis señoritas, ya talludas, bailaron unas jotas. Se llamaban, todas juntas, Ballet Holliwood, y fueron las causantes del lío de la fábrica de anís, que vamos a contar sólo de pasada, porque en detalles más vale no entrar.

La cosa fue que, después de la función, se metieron con unos señores de la localidad en una fábrica de anís que hay en las afueras. Tomaron anís, cantaron flamenco y bailaron tangos y bougui-bouguis con fonógrafo, pero alguien fue con el cuento, soliviantó a las señoras de los juerguistas y éstas, en bata y en zapatillas, bajaron hasta la anisera y armaron la marimorena. Las frases que se cruzaron entre las señoras del pueblo y las señoritas del Ballet Holliwood, más vale no repetirlas.

Volviendo a lo que íbamos: el Ballet Holliwood tuvo buen éxito entre los caballeros, pero las damas, como oliendo algo de lo que después pasaría, no hicieron más que poner reparo a todo.

Después de las jotas del Ballet Holliwood, era difícil tener aceptación, y al pobre Garçon Marcel, el imitador de estrellas, que resultó ser el joven del discurso, le metieron tal solfa que aquello parecía el fin del mundo. Cómo sería la cosa, que el sargento de la Guardia Civil, para evitar mayores males, habló un rato con el alcalde y después ordenó que salieran de nuevo las chicas del Ballet Holliwood. El tío del piano, que seguía mascando su puro como si no pasase nada, atacó la jota, y en todo el Teatro Cervantes estalló una ovación clamorosa, que duró mientras las señoritas estuvieron sobre las tablas y aun un rato más.

El bonito número de la «Muñeca Mecánica», también mereció los plácemes del respetable, que volvió a ponerse al rojo vivo en el siguiente, que se titulaba «Los encantos del trópico».

Después vino el descanso. Los sobrantes de las filas 11, 12 y 13 volvieron a la carga, pero ya evidentemente con menos ímpetu que al principio.

La gente se volvió en sus asientos para hablar con el

de la fila de atrás, se encendieron pitillos, se comentó...
El público estaba animado y se veía que lo pasaba
bien. El del piano, que se ganaba el jornal a pulso, no
dejó de tocar ni un solo momento. Tras el telón se oían,
de vez en cuando, por encima del rugir de la gente, algunos martillazos.

Al cabo de veinte minutos, volvió a continuar la función. Tres de las jóvenes del Ballet Holliwood, que así
desglosadas se llamaban las Hermanas Sisters, cantaron y
bailaron unos fox modernos. Iban vestidas con blusa azul
y pantalón largo y ajustado de raso blanco y llevaban
gorra de marino y un ancla bordada sobre el pecho.

Cosecharon muchos aplausos y de propina cantaron
«La Salvaora», «La hija de la Tirana» y «La niña de
fuego».

Don Tiroliro contó más chistes, el prestidigitador Ra-
moncini lució sus habilidades y miss Flora, la de la «Muñeca Mecánica», interpretó un baile que se llamaba «Los
sueños de Leda». De cisne hacía el pollo del discurso,
pero en seguida se echaba de ver que era un cisne sin
malicia.

Con esto, la función llegaba casi al final, porque al
Garçon Marcel le dijo una persona caritativa que era
mejor que no saliese solo, que en realidad ya no merecía
la pena.

El Ballet Holliwood representó un cuadro flamenco
en dos cortas jornadas, que se llamaba «El contrabandista del Campo de Gibraltar», y escuchó de nuevo cerradas
ovaciones. En esto de los cuadros flamencos, dicho sea
sin tratar de restar mérito a nadie, pasa como con los partidos internacionales de fútbol, que la gente aplaude y
grita, mitad por emoción, mitad por patriotismo.

Como broche de oro para cerrar la función, se representó una lucida «Apoteosis final» con intervención de
toda la compañía, que aunque no eran muchos casi no
cabían en el escenario. Don Tiroliro, vestido de moro y
con turbante, estaba en el centro sentado en una butaca;
le daban guardia, con unos grandes alfanjes en la mano,

el Garçon Marcel y Paco, y Lina, miss Flora y el Ballet Holliwood en pleno, bailaban envueltas en gasas y pisándose la cola unas a otras.

El telón se levantó y cayó repetidas veces y la gente comenzó a desfilar. La función de varietés había terminado.

Poco más tarde fue cuando acaeció el episodio de la fábrica de anís.

AUTOBÚS A LA ESTACIÓN

E L pueblo está a cinco leguas escasas de la estación, y, entre el pueblo y la estación, hay otro pueblo más pequeño, hecho de adobes y lleno de cerdos con aire de jabalí, y de niños chicos, panzudos, renegridos, con cara de viejo.

Desde el primer pueblo hasta la estación sube todos los días un autobús para llevar a la gente; hace dos viajes, uno por la mañana y otro por la tarde, a eso de las seis y media.

El autobús es un ruso de aquellos que vendió el Estado en 1939, y está pintado de un verde ya algo desvaído y lleno de desconchados y mataduras, como una mula ya muy trabajada. En el morro lleva unas letras que parecen «3HC», y Pío, el de la Fidela, que es muy instruido, explicó un día en el Café que esos eran unos coches muy buenos y muy resistentes y que la marca significaba «Tres Hermanos Comunistas»; el camarero le dijo que igual podía significar «Tres Huevos Crudos», pero el Pío la verdad es que no le hizo caso. A la tertulia iba un muchacho muy jovencito que había querido estudiar para cura, pero al que tuvieron que echar del Seminario porque estaba medio tísico y a lo mejor acababa contagiando a todo el mundo; el chico, mientras oía discutir, estaba pensando en que cualquiera sabe si en ruso las palabras hermano y huevo se escriben con hache o no.

—¡A saber cómo lo escriben esos tíos! — se decía.

Pero, bueno, a lo que íbamos. El autobús estaba pin- 'ado de verde y tenía los asientos numerados; eso, la verdad, es que no servía de mucho, porque la gente se sentaba donde le daba la gana mientras había asientos, y se encaramaba donde podía cuando los asientos se terminaban. En el techo, al lado del conductor, estaban clavados unos cartelitos de loza con letras de molde de color azul oscuro, en los que se leía: «16 plazas», «Se prohibe ir de pie», «Se prohibe hablar con el conductor», «Se prohibe escupir», «Se prohibe fumar», «Se prohibe subir y apearse en marcha»; lo cierto es que en el autobús estaba prohibido casi todo.

Por las mañanas, cuando se iba a salir, el conductor se bajaba y esperaba a que el autobús estuviese lleno; después hacía bajar a cinco o seis para que lo dejasen subir. El conductor, que se llamaba Ramiro Sensible, se ponía a pasear para arriba y para abajo con las manos en los bolsillos y el pitillo entre los labios. El Ramiro era hombre huraño y poco decidor y, por lo común, no solía hablar más que de palabra en palabra, y para eso de una manera estrambótica y cuando ya no tenía más remedio. El Ramiro, que lo más seguro es que fuera descendiente de los latinos de la antigüedad, lo único que solía decir, por lo menos mientras guiaba el autobús, eran verbos que conjugaba de una manera chistosa.

—¡Amolarsus! — decía cuando dejabà en tierra algún grupito.

El grupito se quedaba diciendo atrocidades, pero, claro, se «amolaba» y tenía que subir andando a la estación, que era una broma. El Ramiro decía también «subirsus», «bajarsus», «largarsus» y «palier». Cuando decía «palier», la gente cogía sus bártulos — un par de gallinas vivas, algún pan de estraperlo, unas alforjas — y seguía a pie carretera arriba: sin duda, cuando el Ramiro decía «palier», era que algo importante se había roto y no merecía la pena esperar.

Los del pueblo de en medio miraban con malos ojos al Ramiro, porque el autobús ya venía abarrotado desde el pueblo de abajo. El conductor no tenía la culpa, pero esto no importaba.

—¡Bajarsus! — decía Ramiro Sensible con una cara que daba pavor.

—Venga, que «sus bajéis», ¿no veis que lo vais a desfondar? — aclaraba Jesusín Verdugo, que era el cobrador, un chico jovencito picado de viruelas, que había librado de quintas por estrecho de pecho.

—¡Que tenemos que ir a la vía! ¡Si se desfonda, que compren uno nuevo, que el amo buenos cuartos tiene!

El Ramiro, entonces, ponía los codos sobre el volante y decía en voz baja:

—¡Paciencias corda!

Nadie sabía, a ciencia cierta, qué es lo que quería decir «paciencias corda», pero todo el mundo sabía lo que quería decir el Ramiro: el Ramiro quería decir que mientras no se bajasen, él no salía. Entonces, cuando decía «paciencias corda», era cuando venía lo bueno. La gente se dividía en dos grupos y, aunque al final siempre ganaban los que ya estaban acoplados en el autobús, que para eso eran los más, se liaban a discutir y a vociferar.

—¡Que tenemos que ir a la vía! Pero, hombre, ¿no ve usted que tenemos que ir a la vía?

El Ramiro no veía nada; tampoco decía nada. Entonces, en el grupo de los que querían subir, se formaban otros dos grupos más pequeños: uno, el de los de derechas, que decía:

—Si nos quedamos nosotros, que se queden todos, que de lo mismo nos ha hecho Dios.

Y otro, el de los de izquierdas, que decía:

—Si nos quedamos nosotros, que se queden todos, que tan ciudadanos somos nosotros como ellos.

Así estaban un rato y, al fin, poco antes de que llegase la pareja, el Ramiro se quitaba el cinturón y la emprendía a correazos con la gente; cuando no molestaban mucho les daba con la correa, pero cuando se ponían pesados les sacudía con la hebilla, una maciza hebilla de hierro que llevaba grabada en relieve la insignia del Arma de Caballería. Después llegaba la pareja, la gente se iba callando poco a poco y el autobús acababa saliendo.

Al tren se solía llegar por los pelos; casi nunca daba tiempo de tomar un café en la cantina. A veces, el autobús llegaba cuando el tren ya se había marchado. Entonces, Ramiro Sensible miraba de reojo a la gente, se sonreía un poco y decía para sí:

—Amolarsus...

Ramiro Sensible tenía un odio africano a los viajeros del autobús.

TERTULIA EN LA REBOTICA

Rodeados de lozas botánicas, muebles desportillados y olor a xeroformo, don Julián, don Estanislao y don Lunes, se reunían todas las tardes, a eso de las siete, con don Matías. Don Matías era boticario; don Julián, coadjutor de la parroquia; don Estanislao, veterinario, y don Lunes, sastre diplomado (militar y paisano, uniformes civiles). En realidad y aunque otros pensasen — y aun propalasen — lo contrario, don Julián, don Estanislao, don Lunes y don Matías eran, sin duda alguna, las fuerzas vivas de la localidad, el eje alrededor del cual giraban, un poco a la fuerza y sin posible resistencia, las gentes y la vida entera del pueblo de N., cabeza de partido del obispado de Sigüenza, provincia de Guadalajara.

Los amigos jugaban al tute perrero, bebían vino de Valdepeñas y hablaban, con cierto énfasis, bien es verdad, de todo lo humano y de todo o casi todo lo divino.

El grupo, como es natural, estaba escindido en dos bandos irreductibles, dos bandos que no podían ni querían pactar, don bandos que, para colmo de males y de desdichas, estaban sopesadamente equilibrados; en uno, don Julián y don Lunes; en el otro, don Estanislao y don Matías. Los cuatro se unían con fiereza contra el enemigo (el enemigo era la calle), pero los cuatro, que no se podían aguantar, reventaban en cuanto se reunían en petit comité alrededor de la sebosa baraja.

Don Lunes, que era reticente y malintencionado, rompía el fuego por elevación, indirectamente.

—Óigame, don Estanislao, ¿qué es de León? Hace días que no me lo tropiezo.

León era un peluquero algo burro, amigo de don Estanislao, que quiso hacer progresar al pueblo y abrió un local con ondulación Marcel y bisoñés rubio platino, al que puso un rótulo, color azul purísima, en el que se leía en letras góticas doradas: «León. Barbería de señoras. Servicio esmerado». Y debajo, en letra más pequeñita: «Higiene y esmero. Galantería y distinción». El peluquero León era un casquivano.

Don Estanislao, que sabía muy bien por dónde quería entrarle el sastre, solía despistar y cambiar la conversación. Después de todo, pensaba, ¿dónde se había visto, y cuándo, que un veterinario hiciese caso de un sastre, aunque el sastre fuese diplomado y aunque, en un último esfuerzo desesperado, se llamase don Lunes? No. En el mundo todavía quedaban clases, y dentro de las clases, personas como Dios mandaba y seres vulgares, pelmas, peleones, pero ordinarios y poco cultivados.

En la tertulia, don Julián y don Lunes representaban el ala moderada, y don Estanislao y don Matías, el rabo progresista y hasta, en cierto modo, algo volteriano. Vegetaban en aparente paz y simulaban tolerarse porque vivían en el «statu quo» del régimen de turnos y sabían que a otros que lo habían abandonado les iba bastante peor. Por el pueblo — por uno de esos milagros que ocurren — no había pasado el tiempo desde García Prieto, y la República, la guerra civil y la revolución la conocían un poco de referencias, con no mucho más detalle que al cólera de Egipto, o la guerra de China, o la inmigración judía en Palestina.

El pueblo era un pueblo feliz — a lo mejor un poco con la felicidad del hombre que no tenía camisa — y se dejaba llevar por sus fuerzas vivas vitalicias, el cura don Julián, el veterinario don Estanislao, el boticario don Matías y el sastre don Lunes. Vivía por la misma razón que la tierra gira, que el sol se pone a diario y que los animales nacen, crecen, se reproducen y mueren. Por esta razón que es tan sencilla que nadie sabe explicársela, y tan misteriosa que todos la entendemos.

II

LAS BELLAS ARTES

LA AZAROSA VIDA DE FERMÍN DE LA OLLA, POETA Y ALDEANO

FERMÍN de la Olla, poeta y aldeano, hombre de ideas disolventes y de vida honesta y apacible, tuvo de mozo ciertas veleidades coleccionistas.

Su tío Ramón, a quien en el pueblo llamaban *Sardina* por mal nombre, le aconsejó que no coleccionara sellos, como le decía el cura don Rosendo, sino que coleccionara esas estampitas de futbolistas que vienen en los chocolates, porque era mucho más divertido.

Fermín de la Olla, como era un joven de escasa voluntad, se puso a coleccionar futbolistas, pero pronto se aburrió al ver que, por ejemplo, tenía siete Zamoras y ningún Monjardín, ni de dónde sacarlo.

Cuando más desmoralizado andaba con su poco éxito, Fermín de la Olla — a renglón seguido de una conversación que tuvo con Juanita la Muerta, que era la enterradora del pueblo — se animó a coleccionar huesos humanos, y llegó a tener bastantes, lo menos cien, bien guardados debajo de la cama, pero también sin suerte, porque como en los futbolistas, a lo mejor tenía ocho o diez tibias, pero le faltaban vértebras lumbares o muelas del juicio.

Fermín de la Olla, decepcionado de que las colecciones no había quien las redondease, tiró sus futbolistas y sus huesos al río, y se dedicó a componer sonetos, actividad en la que adquirió gran maestría, pues hubo semanas, sin contar los domingos, en que llegó a hacer sesenta, treinta con una rima y treinta con otra.

El señor maestro, a quien se los daba a corregir, por si faltaba alguna sílaba o cualquier otra minucia, le decía:

—Pero, hombre, Fermín, ¡va usted a secar a las musas! ¡Calcule usted que las musas son más bien delgaditas, y ese ordeño intensivo no hay musa que lo resista!

—Claro, don Braulio, yo ya me hago cargo de que esto es abusar un poco de las musas, pero, ¿y el arte? ¿Eh? ¿Es que a usted el arte no le conmueve las fibras del organismo?

Fermín de la Olla, cuando tuvo quinientos o seiscientos sonetos, se suscribió a una revista de poesía y, a continuación, como es costumbre entre suscriptores, le escribió una larga misiva al director explicándole su caso (aislado en medio de la soledad y con el alma atormentada por la búsqueda de la belleza) y adjuntándole su obra, copiada en letra bien perfilada y con los títulos en redondilla de color verde, por si quería dedicarle las páginas centrales, sueño dorado de todos los poetas incipientes desde la invención de la imprenta hasta nuestros días.

Como el director de la revista le contestó con evasivas, y no le publicó en los catorce meses que estuvo suscrito más que dos sonetos, Fermín de la Olla, harto de la burguesía y de la explotación, se hizo comunista, pero no comunista de Stalin, cosa que no estaba bien vista en su pueblo, sino comunista de Tito, que se sabía menos lo que era.

Fermín de la Olla decía:

—Ya verán, ya, cuando vengan los míos, si se acaban estos abusos de los poetas de Madrid. ¡Pues estaría bueno!

La gente, al principio, no hacía mucho caso de estas veleidades políticas de Fermín de la Olla, pero cuando expuso en el café algunas innovaciones que había introducido en sus ideas, empezaron a tomarle en consideración.

—Verán ustedes — decía Fermín de la Olla tomando una copita de anís —, lo que yo digo es que no hay que ser ansiosos, porque la avaricia rompe el saco, sino que hay que ser algo desprendidos. Cuando venga el reparto yo pienso poner a renta la parte que me toque, porque para la Eulalia y para mí, seguramente tendremos bastante con eso.

—Pero, bueno, vamos a ver — le decía don Lucas, el brigada de la Guardia Civil, que era con el que jugaba todas las tardes la partida de garrafina —, ¿usted cree que los comunistas dejan eso de alquilar la tierra a otros?

Fermín de la Olla se encogía de hombros.

—Bueno, don Lucas, ¿sabe usted lo que le digo?, pues que si no lo dejan, ya lo dejarán, todo es cuestión de convencerles.

Don Lucas miraba para los circunstantes como diciendo: «este tío es tonto», y seguía sorbiendo su café y chupando su pitillo.

La vida del pueblo seguía monótona y apacible, como la vida de una doncella, y la vida de Fermín de la Olla, «la azarosa vida de Fermín», como le gustaba oir, marchaba paralela a la vida del pueblo, como en las carretas el buey de la izquierda camina paralelo al buey de la derecha...

EL TIEMPO DE LAS MACETAS

E L señor don Fidel Cacín y Cacín, alias *Matute*, había salido algo tonto, porque era hijo de primos.

—¡Después dicen que los hijos de primos salimos tontos! — solía decir don Fidel, presa de la indignación —. ¡Lo que salimos es listos, y bien listos!

Don Fidel, aunque, en el fondo, lo que era y lo que se sentía era autor dramático, se defendía con una mercería chiquitita con nombre de tienda de gomas — «La Amable» —, donde despachaba madejas de lana, carretes de hilo, ovillos de cotón perlé, medias de seda, pendientes de bisutería fina y bolsos de plexiglás de bellos y llamativos colores.

Tenía escritas don Fidel sobre la docena o docena y media de obras de teatro, preferentemente drama y alta comedia, y el no estrenarlas no le producía el más ligero malhumor ni el más leve sarpullido.

—¿Que no me estrenan? ¡Pues que no me estrenen!

Don Fidel Cacín había dado con la fórmula exacta del bien conformarse; verdaderamente, el viejo y desvaído refrán que dice que el que no se conforma es porque no quiere, aún tiene, a veces, unas últimas resonancias ejemplares.

Don Fidel, que era hombre amante del orden y de las Instituciones, hubiera dado años de vida — o un brazo, si se lo hubieran pedido — por haberse llevado la flor natural en unos Juegos Florales. La cosa, de joven, cuando don Fidel lucía un enhiesto bigote, una cabellera sedosa y una apuesta figura, hubiera quedado, sin duda alguna, mejor, pero aun ahora, ya casi viejo, la cosa aún podría quedar, cuando menos, edificante.

—¡El viejo poeta — soñaba don Fidel —, el hombre ya más que maduro, con los músculos fatigados y las sienes de plata, recibiendo el homenaje del pueblo sano del brazo de la gentil reina de la fiesta!

El único inconveniente que don Fidel tenía para no poder llevarse jamás ninguna flor natural era que, por más que se esforzaba y por más aplicación que había puesto, nunca en la vida había conseguido redondear un soneto. El primer cuarteto le salía de carrerilla:

> *Las florecillas duermen en el campo,*
> *las mariposas vuelan en el viento*
> *y yo, como un flautín, voy y lamento*
> *el desdichado fin del Hipocampo.*

(Las alusiones a la mitología suelen ser muy socorridas.) El segundo cuarteto, cuando ya tenía que meterse en harina y empezar a hablar de algo — de la Patria, del amor, del descubrimiento de América o de las virtudes del ahorro —, ya se le resistía un poco más y no quedaba, por más vueltas que le diese, lo que se suele decir muy claro. El primer terceto, a pesar de la ventaja indudable de la nueva rima, ya lo paría entre sangre y ¡ahs! y ¡ohs!, y el segundo — ¡ay, el segundo! — no conseguía ponerlo en pie por nada del mundo.

—¡En fin! — decía don Fidel —. ¡Que no soy poeta! ¡Dios no ha querido llamarme por ese camino!

Don Fidel, que tenía un concepto bastante ordenancista de la gloria, al tener que renunciar a la flor natural, que es la gloria de buen tono, la gloria entre fuerzas vivas y con fotografía garantizada en los periódicos ilustrados, se refugió en el teatro — por lo menos, pensaba, no suele hacerse en verso —, que también tiene su pequeñita — o grande — gloria, aunque no tan prevista como en los Juegos Florales, porque en el teatro, a veces, patean; pero las cosas tampoco se le pusieron bien, y sus comedias, en los estantes de la trastienda de «La Amable», dormían en unas cajas que por fuera decían: «Nylon. Color tostado. Talla 9».

El pobre señor Cacín y Cacín veía pasar los años sin redondear sus sueños dorados. Una buena fotografía para poder dejar a sus hijos, y éstos a los suyos, y así sucesivamente, con don Fidel en el medio, rodeado de macetas y de autoridades y representaciones de la industria, el comercio y la navegación, le hubiera hecho feliz para el resto de sus días.

—¡Y pensar — decía don Fidel entre dientes — que hay señores que tienen hasta dos docenas de fotografías con macetas! ¡El mundo está mal organizado! ¡Unos todo y otros nada! ¡Así es la vida! Pero no — se arrepentía —, alejemos las ideas disolventes de nuestra cabeza. ¡No les demos pábulo!

Don Fidel, que, afortunadamente para él, tenía un honesto y resignado conformar, en vista de que a la flor natural no podía optar — porque no sabía hacer versos — y que el éxito en el teatro no se le daba — porque no encontraba la fórmula para poder estrenar —, decidió meterse en política provincial.

—A ministro no es fácil llegar — se decía —; los ministros son pocos y los españoles somos muchos; pero, ¡a diputado provincial! Los diputados provinciales también salen con frecuencia retratados entre macetas, y hasta con un repostero al fondo. Si yo pudiese decir al Gobernador: «Ande, no sea usted así; hágame diputado provincial, que yo le prometo dimitir en cuanto me saquen la fotografía». Pero, ¡ca!, yo no me atrevo, a mí me falta valor, y sin valor no se llega a ningún lado.

Don Fidel despachaba, sonriendo de mala gana, el culote de punto que le había pedido aquella señora gorda, y seguía pensando:

—Sí; el que no se arriesga no pasa la mar, y, además, ya es bien sabido que no se pueden pescar truchas a bragas enjutas. Sí; voy a echar instancia. ¡Total, por

seis reales que me va a costar la póliza! En la instancia
voy a pedir las cosas claramente; lo mejor es ir al grano.
Lo que yo quiero, después de todo, no es ningún estraperlo. «Excmo. Sr.: Lo que quiere el que suscribe no es
ni siquiera que V. E. lo nombre diputado provincial; lo
que quiere es poder legar a sus descendientes una fotografía histórica, a ser posible rodeado de macetas. El que
suscribe, Excelentísimo Señor, antes de recurrir a la mag-
nanimidad de V. E., lo intentó por todos los medios y
por los caminos más variados.»

Don Fidel sonrió.

—Ahora la despacho, señora; no se impaciente.

Y siguió pensando:

—Sí, no es ningún estraperlo. Nadie me podrá decir
nada y continuaré andando con la frente alta y bien alta.

La señora le interrumpió:

—¿Me da dos madejas de lana color ciclamen?

—¡No tengo!;

La señora le miró a los ojos.

—¿Y ésas del escaparate?

—¡Que no tengo, señora! ¡Le he dicho a usted que
no tengo!

Don Fidel, con un gesto beatífico, entornó los ojos.

—Sí, ¿cómo me van a decir que no? «Pues mire usted, señor Cacín, yo quisiera complacerle; pero no me
quedan plazas de diputado provincial.» «Pero, hombre,
señor Gobernador, ¿y ésas que tiene usted ahí?»

Don Fidel casi no acabó su pensamiento. Salió a la
calle despavorido y alcanzó a la señora de las dos madejas de lana color ciclamen.

—Claro, señora, naturalmente. Conque dos madejitas
de lana color ciclamen, ¿eh? ¡Pues no faltaba más! Si no
las tuviese, las encargaría. ¡Pues estaría bueno! Tómelas
usted. ¿No quiere usted más que dos?

La señora estaba un poco asustada.

—Pues, no, muchas gracias, nada más que dos. ¿Cuánto le debo?

—¿Deberme? ¡Por Dios, señora, ni un céntimo! Las

dos madejitas son regalo de la casa; hoy es un día muy
señalado para el propietario de «La Amable». ¡Ah, si
fuese verdad que hoy empezaba el tiempo de las macetas!

—¿Qué dice?

MATÍAS MARTÍ, TRES GENERACIONES

Don Matías Martí, industrial, tenía setenta y cinco años. Matías Martí, perito agrícola, tenía cincuenta y dos. Matiítas Martí, poeta lírico, veinticinco. Una vez se sacaron una fotografía juntos; don Matías, de bombín; Matías, de flexible, y Matiítas, de gorra de visera blanca, de deportista.

—Estás hecho un hockeywoman — le decía su amiga Clarita, una chica que no sabía muy bien el inglés.

—¡Ay! ¿Tú crees?

Don Matías estaba convencido de que un refrán que había inventado era verdad, una verdad inmensa y tremenda como el mar. El refrán decía: «Para prosperar, madrugar y ahorrar». Según don Matías, la humanidad no andaba derecha porque no había bastantes despertadores ni suficientes huchas. Cuando inventó su refrán — muy joven todavía, en los primeros años de la regencia — ordenó que se lo dibujaran sobre cristal esmerilado del mejor, y lo mandó colocar en la pared de su despacho, al lado de un pintoresco retrato de su padre — don Rosario Martí y López — y de un letrero en letra gótica, donde se leía:

> *Por razones de higiene*
> *no escupir en el suelo.*
> *¡Ay, Dios, cuánto desvelo*
> *denota aquél que tiene!*

—Oiga usted, don Matías — le solía preguntar algún visitante curioso —, ¿aquel que tiene qué?

—Pues aquel que tiene salud, ganso, aquel que tiene salud. ¿O es que no está claro?

El visitante hacía un gesto con la cabeza, como diciendo: «Hombre, pues tan claro no está», pero se callaba siempre.

Su hijo Matías Martí, el perito agrícola, no hacía versos, aunque también tenía ciertas concomitnacias con la Literatura y las Humanidades. Su contribución a ese campo del saber era más bien de orden erudito y filológico, y lo que mejor hacía era inventar palabras, «voces y locuciones que — según aseguraba — darían una precisión sinóptica al lenguaje, enriqueciendo el léxico patrio al tiempo que se le otorgaba luminosidad y, sobre todo, concisión».

Las palabras inventadas por el perito Matías eran innumerables como las arenas del océano. Aquí vamos tan sólo a espigar media docena de ellas, elegidas al azar entre las que aportó a las tres primeras letras del alfabeto. La media docena de que hablamos es la siguiente:

Aburrimierdo. — Dícese de aquel que está más que aburrido y menos que desesperado.

Agromagister. — Perito agrícola. Uno mismo y cada uno de sus compañeros.

Bebidonsonio. — Dícese de aquel que se duerme bebiendo. Ebrio somnoliento o alcohólico soporífero.

Bizcotur. — Dícese de aquel que, amén de bizco, es atravesado, ruin y turbulento.

Cabezonnubio. — Híbrido de cabezota y atontado. Dícese de aquel que, aun teniendo la cabeza gorda, camina por las nubes, ausente de la dura realidad de la vida.

Ceonillo. — Ladronzuelo vivaracho y de mala suerte. Rata, gafe y de cortos vuelos.

Seguir con la lista de las palabras inventadas por el perito Matías sería el cuento de nunca acabar, algo por el estilo del cuento de la buena pipa.

Su hijo, Matiítas, el nieto de don Matías, era ya un literato convicto y confeso, y no un literato vergonzante como su padre y como su abuelo.

—¡Anda! ¿Y qué hay de malo? — solía decir cuando le echaban los perros, a la hora de la comida.

—¡Hombre! De malo, nada — le decía su madre, doña Leocadia, que parecía un sargento de alabarderos jubilado —, pero de memo, bastante, te lo juro.

—¡Anda! ¿Y entonces, Lope de Vega era un memo? ¿Y Zorrilla, el inmortal autor del «Tenorio», otro?

—Pues, hijo, ¡qué quieres que te diga! Para mí, sí.

El pobre Matiítas estaba horrorizado con las ideas de su madre.

—¡Qué burra es! — pensaba —. Pero, no — se añadía en voz alta, a ver si se convencía —, una madre es siempre una madre. El día de la madre le tengo que hacer un regalito de su gusto, un pequeño presente en el que vea mi buen deseo de... (iba a decir de corresponder...) de agradar.

Una tarde histórica, la tarde del doce de octubre, Fiesta de la Raza, don Matías y Matías acordaron llamar a capítulo a Matiítas:

—Oye, Matiítas, hijo — le dijeron —; te hemos llamado para hablarte. Eres ya un hombre...

—¡Ay, sí!

—Sí, hijo, todo un hombre. ¿Cuántos años tienes ya?

—Sumo cinco lustros.

Don Matías lo miró con aire preocupado por encima de sus lentes. El padre procuró disimular lo mejor que pudo.

—Bueno, hijo. Vamos a ver, ¿quieres un pitillo?

Matiítas se puso algo colorado.

—Gracias, papi, ya sabes que no fumo.

—De nada, hijo, no se merecen. Bien...

Sobre los tres Matías volaba torpemente una atmósfera vaga y cansada como el joven poeta. Doña Leocadia, en la habitación de al lado, hacía solitarios con cierta resignación: estaba de malas y no conseguía sacar ninguno bien hasta el final. Las cuatro sotas le salían siempre juntas, por más que barajaba.

El padre y el hijo se miraron y miraron para el nieto.

—Vamos a ver, hijito, ¿tú qué quieres ser?

Matiítas se puso un poco rabioso.

—¿Yo? Ya lo sabéis: ¡poeta, poeta y poeta!

—Pero, hombre, así, poeta a secas.

—Sí, papi, poeta lírico como el Dante.

—Bueno, pero el Dante sería otra cosa además. ¡Vamos, digo yo! A mí no me parece mal que seas poeta; lo que te quiero decir es que, para vivir, puedes ser de paso alguna otra cosa. Lo cortés no quita lo valiente. Ya ves don Rosendo, el del entresuelo, sin ir más lejos, que también es poeta y además está en la Renfe...

—¡Huy!

Don Matías y Matías se asustaron.

—¿Qué te pasa, Matiítas?

—Nada. Dejadme a solas con mi congoja.

El ademán de Matiítas era un gesto de la mejor escuela senatorial romana. Don Matías y Matías salieron de la habitación, se sentaron en el despacho, debajo del cristalito esmerilado del refrán, y estuvieron lo menos una hora sin hablar.

Don Matías, al cabo del tiempo, se atrevió a romper el hielo mientras limpiaba los cristales de las gafas con un papel de fumar.

—Me parece, hijo, que hemos llegado algo tarde.

Matías suspiró.

—Sí, padre, eso me parece.

Don Matías adoptó el aire del hombre que, resignadamente, está ya de vuelta de todo.

—Se acabaron los Matías, hijo mío. En fin, ¡pelillos a la mar! Si él es feliz así...

Matías, casi sin voz, todavía respondió:

—Sí... Si él es feliz así...

Doña Leocadia, que había asomado los hocicos por la puerta, terció:

—Si nos saliese un Zorrilla o un Campoamor...

Los dos hombres la miraron con un gesto de remota esperanza.

CELEDONIO MONTESMALVA, JOVEN INDECISO

CELEDONIO Montesmalva, joven vallisoletano, era un mozo indeciso y algo poeta que, al decir de su padre, iba a acabar muy mal. El padre de Celedonio se llamaba don Obdón de la Sangre; pero el hijo, pensando que eso era muy poco poético, se inventó el timito de Montesmalva, falso apellido que sacaba de quicio al progenitor.

—Pero oye, tú, pedazo de mastuerzo ruin, ¿es que el apellido de tu padre te avergüenza, lila indeseable?

Don Obdón de la Sangre era muy retórico.

—No, papá, no me avergüenza; pero es que para los versos, ¿sabes?, parece que pega más eso de Montesmalva. ¿No crees? Es un nombre lleno de bellas sugerencias, de fragancias sin límite...

Don Obdón miró al niño por encima de los lentes.

—¿Lleno de qué?

—Lleno de bellas sugerencias, papá, y de fragancias sin límite.

Celedonio tomó un vago aire soñador.

—Un soneto de Montesmalva... ¿Tú te percatas?

—Sí, sí; ¡ya lo creo que me percato! En fin, ¡qué le vamos a hacer! Lo que yo te digo, ya lo sabes bien claro: que hagas versos me tiene sin cuidado, ¡allá tú con la gente!, y que te pongas ese nombre ridículo de transformista, también. Ya te espabilarás si te trinca la Guardia civil. Pero eso de que no des ni golpe, no; vamos, que eso, no. ¿Te das cuenta? No. Ya eres muy talludito para estar viviendo de la sopa boba.

—¡Ay, papá; si no tengo más que veintiocho primaveras!

Don Obdón lo miró con la cara que suelen poner los asesinos cuando, por esas cosas que pasan, perdonan a la víctima, a veces bien a su pesar.

—¿Y te parecen pocos? Yo, a tu edad, estaba ya harto de poner irrigaciones a las mulas, y llevaba ya cerca de diez años de veterinario en una cabeza de partido judicial.

—¡Ay, papá; pero reconoce que puede haber vocaciones para todo!

—Sí, para todo; ya lo sé. Y para pegar la gorra y estar a la que caiga, también, ¿verdad?

—¡Ay, papá, qué cruel eres!

—Vamos, hijo, vamos...

La mamá del poeta, doña Visitación Manzana, solía estar callada, casi siempre, cuando salían esas conversaciones escabrosas. Algunos días, cuando ya veía al niño muy perdido, echaba tímidamente su cuarto a espadas.

—¡Pero, hombre, Obdón! ¿Por qué no dejas al niño seguir su vocación?

Don Obdón puso un gesto de un desprecio inaudito.

—¿No te lo imaginas?

—No.

—¡Cuando yo digo que eres más inútil que un pavo!

Doña Visitación, en cuanto que le decían lo del pavo, se echaba a llorar desconsoladamente.

—No llores, mamita; yo te comprendo muy bien. Todas tus preocupaciones encuentran un seguro eco en mi pecho.

Celedonio miró al padre con un gesto retador, con el gesto de un joven héroe de tragedia antigua.

—Sábelo bien, padre mío; yo soy respetuoso y buen hijo, pero no consiento que a mi mamita le llamen pavo delante de mí.

Don Obdón comenzó a liar un pitillo con parsimonia y no respondió. Cuando llegó al casino, le dijo a un amigo:

—Chico, no sé; pero esto me parece que va acabar pero que muy mal; el día menos pensado lo deslomo. ¡Mira tú que yo con un hijo poeta! ¡Yo, de quien nadie puede decir, en los cincuenta y cinco años que tengo, nada malo!

Al mismo tiempo, Celedonio le explicaba a su madre:

—¿Lo ves, mamita? A estos tíos flamencos, como papá, lo mejor es levantarles el gallo. Se quedan viendo visiones y más suaves que un guante.

«MIRTO, LAUREL, ALBAHACA Y ROSA»

CELEDONIO Montesmalva, joven indeciso, reunió en su casa a un grupo de amigos y les expuso su proyecto de organizar «unas veladas poéticas encaminadas a proporcionar a los dispersos amantes de la poesía el inefable goce de sus encantos, al par que divulgar minuciosamente entre el público profano los deleitosos misterios de nuestra lira, tanto española como hispanoamericana».

El párrafo anterior está copiado al pie de la letra. Celedonio Montesmalva la repitió, entre grandes ovaciones, quince o veinte veces, y la Meren, la criada, que es amiga de la Filo, la criada del cronista, lo pudo copiar incluso con bastante buena letra.

La plausible y original idea de Celedonio Montesmalva encontró, como era de esperar, dados los nobles fines que perseguía, una calurosa acogida entre todos los presentes.

—Nosotros venimos a llenar ese hueco...

—Oiga, Montesmalva — le objetó un poeta respetuoso y ya de cierta edad —, a mí me parece que en esto de las veladas poéticas deben de quedar ya pocos huecos.

—¿Pocos huecos, dice usted? ¡Ja, ja! ¡Pocos huecos, dice!

Ante argumento tan sólido, el interruptor se calló, asaeteado por las risitas de desprecio de los concursantes.

—Sí, señores. Sí y mil veces sí. Nosotros venimos a llenar ese hueco, ¡pese a quien pese y caiga quien caiga!

—¡Bravo! — rugieron al unísono los poetas, deseosos de que se cayese alguien para dejarles el sitio —. ¡Bravo! ¡Bravísimo!

Celedonio Montesmalva sonrió con el gesto de triunfo de Dafnis y Cloe o de Grifé y Escoda.

—Y nuestras veladas poéticas se llamarán, ¡por encima de todas las artimañas de envidiosos y de derrotistas!, con el sonoro nombre de «Mirto, laurel, albahaca y rosa».

Entre los poetas hubo insistentes murmullos de aprobación. Los poetas suelen ser siempre muy murmuradores.

—Pero — sonrió benévolamente Celedonio — yo quisiera explicar, siquiera...

—Quisiera — interrumpió alguien.

—No, señor; siquiera. Quisiera ya lo dije antes.

—Perdone usted.

—De nada. Pero yo quisiera explicar — continuó Celedonio —, siquiera brevemente, el simbolismo elegido para nuestra bandera. ¡Las cosas hay que conocerlas para amarlas!

—¡Sí, señor, muy bien dicho! ¡Venga el simbolismo!

Celedonio Montesmalva tomó un sorbito de infusión de manzanilla y siguió en el uso de la palabra.

—Mirto se llamará, hermanos míos en la madre poesía...

—¡Alto ahí! — clamó un joven poeta con perilla —. ¡Madre no hay más que una!

—¡Mentira! — cortó Celedonio —. ¡Madres hay, por lo menos, dos: la de cada. cual y la Madre Patria!

Un poeta algo ecuánime dijo no se sabe qué del bizantismo. Los demás poetas, aunque no sabían bien si eso era un estilo o una enfermedad, se callaron respetuosamente.

—Pues sí, a lo que íbamos. Mirto se llamará porque el mirto era el... ¿cómo diríamos?..., el vegetal que se ponían los magistrados en la cabeza.

Otro poeta levantó un dedo, y dijo:

—Hace falta mayor rigor histórico: lo que se ponen los magistrados en la cabeza son pelucas.

—Eso es en Albión.

—¿En la pérfida?

—¡Hombre, pérfida no sé! Hace unos años, sí, pero ahora las cosas están cambiando mucho.

El sensato, que nunca falta, centró la cuestión:

—Dejemos eso. Ésta es una reunión de poetas. Aquí está prohibida la política.

—Bueno — dijeron algunos.

Celedonio, con la venia, volvió a su discursete.

—Pues ustedes perdonen, pero yo esto del mirto y de los magistrados lo leí en el Espasa.

—Pero ¿se refería a Roma o a Grecia?

—Pues sí, seguramente era a algún sitio de ésos; yo no recuerdo bien.

Celedonio al principio se puso un poco triste, pero pronto reaccionó.

—Y con mirtos, mis queridos compañeros, se tejían las coronas que ceñían las sienes de las doncellas en el dulce trance de irse a bañar.

—¡Hombre, eso ya está mejor!

Celedonio exclamó:

—Gracias, mil gracias a todos. ¿Se aprueba lo del mirto?

—¡Sí!

—¡Por aclamación!

—¡Viva el mirto!

Celedonio Montesmalva sonrió feliz como un concejal del turno de padres de familia después del triunfo.

—¡Gracias, gracias de nuevo! ¡Queda el justo y virginal mirto incorporado a nuestra bandera!

Celedonio Montesmalva volvió a la manzanilla (infusión) y a la defensa del lema de sus nacientes huestes.

—Laurel, poetas, ¿no regala vuestros oídos el solo nombre del símbolo de la inspiración y la victoria?

—¡Ya lo creo! Nos lo regala la mar.

—¿Se aprueba entonces?

—¡Sí, sí, sin discusión!

Celedonio Montesmalva no cabía en sí de gozo. Era

más bien pequeño, esa es la verdad, pero aunque hubiera sido mucho mayor, tampoco hubiera cabido.

—¡Gracias, gracias una vez más! ¡Queda el victorioso e inspirado laurel incorporado a nuestro guión!

—¡Muy bien! — exclamaron al tiempo dos o tres poetas a quienes había agradadado sobremanera el que Celedonio dijera primero «bandera» y después «guión».

—Y la albahaca, entrañables amigos; la aromática, la tímida, la delicada, la..., ¡ejem!..., la albahaca. ¿Qué he de deciros yo de la albahaca, si es voz usada por todos los poetas delicados, aunque no logren distinguirla, a una primera vista, del perejil?

—¡Nada! ¡Que no nos diga nada! ¡Queda aprobada!

—¡No, no! ¡Un poco más de calma! La albahaca es una bella y sonora palabra de origen árabe, como todas las que empiezan por «al».

—¡Claro! Como Alemania.

—¡Pues quién sabe qué tierras no bautizarían los árabes del Califato en sus victoriosas correrías!

—¡Pues también es verdad!

Celedonio Montesmalva, sagaz parlamentario, quiso salir al paso de la cuestión.

—Bueno, ¿qué? ¿Se aprueba, sí o no?

—¡Sí, sí! ¡Que se apruebe!

—Bien. ¡Queda la..., ¡ejem!..., la albahaca incorporada a nuestro pendón!

—¡Muy bien! — dijeron los mismos de antes y alguno más.

Celedonio Montesmalva, ya en el camino del fin, no podía controlar sus muchos y desatados nervios.

—Y por último, ¡la rosa!

—Oiga usted, ¿de qué es símbolo la rosa?

Celedonio Montesmalva puso los ojos en blanco.

—La rosa es símbolo de la luz, del goce y del amor.

El sensato intervino:

—Oiga, ¿y usted cree que eso lo dejará pasar la Censura?

—¡Hombre, no sé! Se puede preguntar. Pero, en fin...

—¡Claro, claro; — dijo un poeta algo calvo —. Ahora se trata de aprobar o no aprobar la rosa.

Celedonio vio el cielo abierto.

—¡Claro! Ahora es de eso y nada más que de eso de lo que se trata. ¿Se aprueba la rosa?

—¡Sí, sí, sí!

—¡Gracias emocionadas! ¡Queda el bello nombre de la rosa incorporado a nuestro estandarte!

Celedonio Montesmalva carraspeó ligeramente para continuar:

—Las cuestiones que puedan surgir, puesto que nunca faltan prosaicos envidiosos, quedan para el próximo día. Y el buscar un café que no esté ocupado, y un día que quede libre, y hasta, si las cosas se ponen bien, nuestro ingreso en masa en la Asociación de Escritores y Artistas.

—¿Los de la calle del Rollo?

—Sí, ésos.

ZOILO SANTISO, ESCRITOR TREMENDISTA

Zoilo Santiso era un escritor la mar de tremendista. Los padres de familia no dejaban a sus hijas leer los libros de Zoilo Santiso.

—¡Niñas — les decían —, no leer las novelas de Zoilo Santiso, que no son aptas!

Entonces las niñas decían que se iban a dar un paseo por Recoletos, se metían en cualquier librería y se compraban una novela de Zoilo Santiso, que después pasaba de mano en mano, como los partes de guerra del enemigo en las retaguardias donde ya no quedan más que discursos patrióticos y vanas esperanzas.

—¡Quememos los libros de Zoilo Santiso! — decían los muchachitos que no habían leído a Zoilo Santiso, pero que se fiaban del buen criterio de sus mayores —. ¡Guerra a Zoilo Santiso, escritor asqueroso y tremendista! ¡Guerra!

Zoilo Santiso, en el fondo, era un buen muchacho, o, por lo menos, procuraba serlo. De pequeño había pasado la escarlatina, y desde entonces le habían quedado unos puntos de vista algo diferentes a los de sus tías, las hermanas de mamá y de papá.

—Zoilo es bueno — aseguraban sus tías de ambos lados, que no eran excesivamente originales —; lo que pasa es que dice esas cosas que dice sin sentirlas; las dice para parecer mayor.

—¡Pero, mujer, tía — les objetaba algún primo de Zoilo —, si Zoilo tiene ya cerca de cuarenta años!

—¡No importa, no importa! ¡A Zoilo siempre le gustó mucho parecer mayor!

Zoilo Santiso se había hecho escritor tremendista por puro milagro. Esto de los escritores es una cosa muy complicada, y cada cual sale por donde puede o por donde le dejan. A Zoilo Santiso lo que le hubiera gustado era ser torero o cantor de tangos, pero se hizo escritor porque es más fácil y, además, porque no se necesita arte, ni valor, ni voz ni sentimiento, ni nada. Para ser escritor no se necesita nada. La prueba es que uno va a los cafés y se los encuentra llenos de escritores escribiendo dramas y artículos, tomando café con leche y haciendo aguas.

Zoilo Santiso se hizo escritor, y después, como no era un «artífice de la palabra», se especializó en el tremendismo, rama en la que por decir las cosas como son, ya se cumple.

—Eso ni es arte ni es nada; eso es ganas de tomar el pelo a la gente — decían algunos lectores de esos que llevan lentes de pinza —; decir las cosas como son está al alcance de cualquiera; el mérito es decirlas finamente.

Zoilo Santiso, que era un hombre humilde, nunca dudó que sus mañas no pudiera tenerlas cualquier hijo de vecino.

«A mí me parece que esto es fácil — pensaba —, que no tiene mayor complicación. ¿Que se quiere decir «Pepito estaba bebiendo vino»? Pues se dice «Pepito estaba bebiendo vino», y en paz. Lo que sí tiene más mérito sería decir: «El joven Pepe libaba del morado elemento»; lo que pasa es que esto es una estupidez que no se la salta un gitano.»

Zoilo Santiso, a veces, sentía preocupaciones estéticas. Lo que le salvaba es que era corto- de alcances, y en cuanto le daba dos vueltas a las cosas en la cabeza, ya ni se entendía.

Zoilo Santiso, a pesar de lo burro que era, tenía muchos enemigos, y algunos escritores pornográficos, cuando llegaron a viejos, le publicaban edificantes articulitos en los papeles diciéndole que había que ser más moral y más decente, y que eso del tremendismo debía ser prohibido como la morfina o la cocaína, pongamos por caso.

El pobre Zoilo Santiso, cuando leía esas cosas, como era presuntuoso de natural, siempre se daba por aludido y pasaba muy malos ratos.

Su señora, para animarlo un poco, le decía:

—No te preocupes, Zoilo querido; cuando se meten contigo es señal de que vales; si no valieses nada, no se ocuparían de ti y te dejarían tranquilo, tenlo por seguro.

—Ya, ya; pero, mira, yo preferiría valer algo menos y que no me dijeren esas cosas. ¡Qué quieres! ¡Uno es un espíritu sensible!

Zoilo Santiso, de una vez que quiso escribir unas cuartillas más puestas en razón, le salió semejante barbaridad, que no se atrevió ni a publicarlas.

Esto de los estilos es algo bastante misterioso, algo que no se puede remediar ni aunque se quiera. Esto de los estilos es como tener granos...

UNOS JUEGOS FLORALES

L A flor natural y las quinientas pesetas en metálico le habían tocado ese año a Pepito D'Altabuit, poeta y auxiliar de medicina y cirugía menor. Pepito D'Altabuit era un joven de modesto origen, de buenas costumbres y muy aplicado, que llegó a poeta laureado desde el arroyo. Eso de los versos se le daba muy bien, y todos los años, tan pronto como veía en el periódico el anuncio de los Juegos Florales, se ponía a laborar con ahínco y con tesón. Lo que él decía:

> *Con ahínco y con tesón,*
> *¡voto a tal!, que se ablanda el corazón.*

Esta sentencia era de su drama «Castilla inmortal, cuna de santos y de guerreros», aún inédito.

El tema que había de tratar, en metro a elegir y en no más de cien versos, era el siguiente: «Exaltación de los nexos entre la Historia patria y la figura señera de Juan Sebastián Elcano». Como salta a la vista, no era eso que pudiéramos llamar un tema demasiado concreto, pero, claro es, ahí precisamente estribaba el mérito de los poetas: en convertirlo en llameantes metáforas que, llamando a todos los corazones, ilustrasen las conciencias de los buenos españoles. (El autor de estas líneas debe confesar con toda modestia, porque no es de buena ley adornarse con galas ajenas, que la frase es de don Rosendo, el presidente de la Diputación.)

Pepito D'Altabuit, tan pronto como leyó el aviso, puso manos a la obra. Se documentó bien en el tema — porque no todo hay que dejarlo al bullicioso fluir de la imaginación —, ensayó bellas combinaciones métricas y escribió, exactamente, noventa y ocho versos; no le pareció elegante agotar las cosas hasta el límite permitido. Su poesía la tituló «Oda al nauta» y la presentó bajo el lema «Si vis pacem, para bellum». La oda, todo en endecasílabos, empezaba así:

> *¡Oh, tú, Juan Sebastián, llamado Elcano,*
> *símbolo de una raza que aún otrora*
> *luchara contra el turco y la traidora*
> *grey luterana que al león hispano*
> *acosó: ¿Queréis un mano a mano,*
> *hez de la humanidad que sufre y llora?*
> *¡Escapáis como escapa una señora*
> *ante el furor viril y soberano!*

Y así hasta siete sonetos. Pepito D'Altabuit, cuando terminó su oda, la metió en un sobre y la mandó certificada. Esperanzas, esa es la verdad, no tenía muchas, porque ya es sabido que en estas cosas hay bastantes injusticias, pero tampoco estaba del todo desilusionado, ya que a veces, haciendo caso omiso de las recomendaciones, también se premia al mérito y a la virtud.

Y pasaron los días y las semanas, y Pepito D'Altabuit se encontró un buen día — ciertamente, el más feliz de su vida — con que en el periódico, en casi todos los periódicos, aparecía la noticia de que se le había otorgado la flor natural. La titulación de la venturosa nueva variaba bastante, según la tendencia de cada periódico, pero en esa variedad estaba, bien mirado, la gracia de la cosa.

El periódico de las derechas la titulaba así:

Flor natural

EL PROMETEDOR POETA D'ALTABUIT, PREMIADO

El independiente decía:

Se otorga la flor natural en unos Juegos
Florales

(El diario independiente denotaba, ya de antiguo, cierta inclinación a no comprometerse por nada aunque lo aspasen vivo.)

El falangista era bastante lacónico:

D'Altabuit, flor natural

Y, por último, el popular, casi de izquierdas, arremetía contra el pobre D'Altabuit, que no tenía culpa de nada:

¿Hasta cuándo?

Sigue la racha de Juegos Florales

En algunas revistas ilustradas publicaron su foto, casi siempre con una cabecera que decía: «Figuras de actualidad» o «Poeta laureado».

Pepito D'Altabuit, ante su naciente popularidad, se sentía uno de los hombres más felices del mundo.

—La fama —pensaba—, ¡qué hermoso mito!, ¡qué bella ilusión! Pero la fama de los poetas es una fama selecta, una fama de minorías, algo que casi no trasciende... No es la consagración en la calle, como los cineastas y los toreros, no; es la entronización en los espíritus selectos.

Después de pensar esto, Pepito D'Altabuit creyó morir. Leyó de nuevo, con todo detenimiento, los recortes donde su nombre aparecía —ya cuidadosamente pegados en un álbum—, y se palpó las carnes; se levantó de su asiento y se fue a mirar a un espejo.

—Sí, yo soy, José D'Altabuit y García, Pepito para

mis íntimos... ¡Qué trabajo me costó llegar! Pero aquí estoy, ¡entrando por la puerta grande!

Pepito sonrió al tiempo que sentía la invasión de un rapto de noble orgullo. Después de todo, lo conseguido no se lo debía a nadie más que a su propio esfuerzo: a su ahínco y a su tesón.

Cuando llegó el día del solemne acontecimiento, el poeta D'Altabuit tomó el tren, se enfundó en su smoking alquilado y se presentó a la puerta del Teatro Principal en un gran turismo. Después de todo, ¡qué caramba!, un día era un día. D'Altabuit procuró estar sereno cuando, al cruzar el hall, todas las miradas convergieron sobre él; su aplomo, en realidad, fue grande, porque se dio cuenta a tiempo de que había que estar a la altura de las circunstancias.

Las fuerzas vivas le saludaron y le felicitaron efusivamente: el mantenedor le dio unas palmaditas en la espalda y se constituyó en su apoderado, y don Rosendo, el presidente de la Diputación, le dirigió unas sentidas frases de las que Pepito no entendió más que palabras sueltas: ahorro, tradición, musas, Hispanoamérica, labor educadora, primavera de la vida, etc.

Lo condujeron al escenario, le presentaron a unas señoritas gorditas y saludables vestidas con trajes regionales, le dijeron al oído: «Y ahora, presencia de ánimo, ¡mucha presencia de ánimo!», y lo dejaron, de una manera inexplicable, ante un público que aplaudía con corrección.

El acto había comenzado. El presidente de la Diputación, a los pocos instantes, diría aquello tan hermoso de las llameantes metáforas.

Pepito D'Altabuit sonreía a la sala; él no veía nada, pero él era, a no dudarlo, el blanco de todas las miradas. Si lo pensaba mucho, le flaqueaban las piernas.

UNA VELADA LITERARIOMUSICAL

Zoilo Santiso siempre había pensado que esto de las veladas literariomusicales estaba muy bien. Lo que pasa es que a él no solían invitarle. Se conoce que no lo encontraban bastante fino ni bastante sentimental. A Zoilo Santiso, que era un hombre de gustos más bien sencillos, le gustaban las chachas repolludas, las pantaloneras juncales y las mamás rollonas, y eso, claro, no estaba bien visto entre gentes delicadas que hablaban de Oscar Wilde, del amor entre los griegos, del diario de Gide y de otras sutilezas igualmente reñidas con el bello sexo, que a veces, es verdad, resulta algo bestia, pero que Zoilo Santiso pensaba que, a pesar de todo, también tenía sus ventajas.

Cuando Zoilo Santiso recibió la invitación de la señorita Esmeraldina García para su velada literariomusical, se puso muy contento, quizá no la esperaba. Las veladas literariomusicales en casa de la señorita Esmeraldina García tenían mucha fama, y a ellas solía ir lo más granado de la intelectualidad, con lo que siempre se hacían relaciones muy convenientes, aunque en ocasiones algún intelectual se descolgase pidiendo dos duros con disimulo, lo que tampoco tenía mayor importancia, porque con decirle que no, ya se cumplía.

La señorita Esmeraldina García era algo frívola; pero eso a Zoilo Santiso no le cogía de nuevas, porque es cosa bastante corriente entre señoritas aficionadas a las bellas artes.

Zoilo Santiso se planchó su corbatita, se limpió un

poco los zapatos con la parte de arriba de los calcetines, se puso bien derecho y se presentó en casa de la señorita Esmeraldina García.

—Buenas. ¿Está la señorita Esmeraldina García?

—Sí. ¿Viene usted a la velada literariomusical?

—Sí.

—Pues pase, pase usted por aquí.

La mamá de la señorita Esmeraldina García, doña Práxedes Cabezón, viuda de García, pensionista, condujo a Zoilo Santiso hasta el salón. En el salón había una cómoda cerrada con llave, una mesa de camilla, dos butacas de mimbre, seis sillas de cartón imitando cuero y un gato. En la pared había un calendario y tres cuadros: uno de lata brillante que representaba la Sagrada Cena, otro del difunto papá de la señorita Esmeraldina García, don Estanislao García y García, de gran bigote y vestido de pierrot, y otro de Nietzsche mirando muy incomodado para el respetable. Probablemente Nietzsche estaba pensando que aquello era una reunión de gaznápiros.

En una butaca estaba la señorita Esmeraldina García con un cartapacio sobre el regazo. En la otra se sentó su mamá. En las sillas estaban sentados los intelectuales: don Sebastián Bonilla, odontólogo y poeta; don Ramón de José, procurador de los Tribunales y también poeta; el joven Pablo Gil, poeta sólo; la niña Sonsoles Trijueque, recitadora; doña Sonsoles Lozano de Trijueque, mamá de la recitadora, y don Emilio Santos Santos, buen aficionado. Zoilo Santiso, como no tenía silla, se apoyó en la cómoda con un gesto como distraído.

—¡Cuidado, no se apoye usted, que se vuelca el mármol! Espere usted que le traiga una silla.

Doña Práxedes fue a buscar una silla, y Zoilo Santiso parecía que estaba sentado a lo moro.

—¿Está usted cómodo?

—Sí, señora; la mar de cómodo.

Al principio allí nadie decía nada. La mamá de la recitadora suspiraba un poco; con eso ya cumplía. Después pidió permiso para quitarse los zapatos, que eran nuevos y le apretaban mucho. Doña Práxedes le dijo que sí, que no faltaría más.

—¡Pues claro, no faltaría más! ¡Aquí no es como en otros lados! ¡Aquí lo que nos gusta es que todos estén cómodos! ¿Verdad, Esmeraldina?

—¡Vero! — respondió Esmeraldina, que solía decir palabras en lengua extranjera.

Después, cuando ya la gente se fue confiando, Esmeraldina García dijo con aire solemne:

—¡Empecemos nuestra fiestecita de arte!

Después hizo una seña a su mamá, y ésta trajo una frasca de vino blanco, copas y rosquillas.

La señorita Esmeraldina García escanció, se puso en pie y dijo:

—Voy a tener mucho gusto en presentarles a ustedes a nuestra joven amiga la recitadora infantil Sonsoles Trijueque, que va a recitar *El embargo*, del vate extremeño, gloria de las musas hispanas, don José María Gabriel y Galán, comúnmente conocido por Gabriel y Galán.

La recitadora infantil se levantó.

—Que tome un traguito de vino — dijo doña Práxedes —, eso le hará bien.

—No, no, que no se lo beba, no tiene costumbre — dijo la mamá de la recitadora —. Que se enjuague un poco y después que lo escupa. ¿No tienen ustedes una escupidera?

—Sí, ahí hay una, al lado de la cómoda. Zoilo, ¿quiere usted arrimar la escupidera?

—Con mucho gusto.

La recitadora infantil hizo sus abluciones y después se arrancó:

> Señol jues: pasi usté más alanti,
> y que entrin tos ésos;
> no le dé a usté ansia,
> no le dé a usté mieo...

El ilustre senado escuchaba con gran atención. Como *El embargo* es muy largo, a veces, cuando la recitadora infantil hacía una pausa para tomar aliento, el ilustre senado, creyendo que ya había terminado, rompía a aplaudir. La recitadora infantil, como si no fuese con ella, en cuanto que cogía fuelle volvía a continuar.

Después de la recitadora infantil, la señorita Esmeraldina García, que también tenía habilidades musicales, cantó un bolero titulado *¡Adiós, amor mío, ya todo entre nosotros terminó!*

Después se recitaron otras poesías. Pero esto ya sería muy largo de contar.

SENÉN, EL CANTOR DE LOS MÚSICOS

Senén del Polo, natural de Palencia, de cuarenta y tres años de edad, soltero y sin profesión conocida, había recibido una amable cartita de don Alfonso María de Ligorio López, el director de la revista de música «Acorde y armonía».

Don Alfonso, etc., solicitaba de Senén unos versos «con motivo musical». Senén inquirió, antes de poner manos a la obra, y llegó a averiguar que lo que se quería eran unas poesías que se titulasen, por ejemplo: «El laúd», o «Chopin en Valldemosa», o «Solo de viola», o algo por el estilo.

Se puso a cavilar y, tras bastantes esfuerzos, compuso una poesía dedicada a un músico amigo suyo — conocido suyo, mejor —, muerto ya, que se llamaba Sebastián. El pobre Sebastián no era, ciertamente, un Beethoven, pero en fin, había hecho lo que podía. Senén del Polo, aprovechándose de que Sebastián llevaba ya una temporadita criando malvas, le colocó a su recuerdo las siguientes rimas:

> *Ha muerto el acordeonista.*
> *Se llamaba Sebastián.*
> *Tocaba valses vieneses.*
> *Andaba mal de la vista.*
> *Tenía un grano en la cara*
> *de color de mazapán.*
> *Era terco y extremista,*
> *y un día un cura carlista*
> *le pegó un tantarantán.*

Leyó su composición a algunos amigos — que la encontraron bella y llena de ternura y de giros muy poéticos — y después la copió en buen papel, en versión ya definitiva, poniendo el título y la hache de «Ha muerto» en color rojo, para que destacase más. Como la inspiración, según decía don Bonifacio de Martín, el catedrático de Preceptiva, era un impetuoso mar de fuego, que, devorando la vida del artista, iluminaba a raudales su propia obra, y como, por otra parte, Senén veía bien claro que aquel estado de fiebre y de arrebato era el suyo, precisamente, aprovechó los latidos de su corazón para componer, a toda prisa, otra poesía o, incluso, ¿quién lo sabe?, otras dos más, con las que se ganaría ya de una vez y para siempre el corazón de don Alfonso María de Ligorio López.

Los cálculos del vate Senén — hombre acostumbrado a no cobrar por sus versos ni un real — traían a su espíritu los más preciados presagios de felicidad, porque la cosa estaba bien clara: tras el corazón de don Alfonso María de Ligorio estaba la caja de «Acorde y armonía», revista quincenal para el fomento de las artes y en especial de la Música.

Se aplicó Senén del Polo a su labor y, a los pocos días, dio fin a otra poesía, no menos bella que la primera, dedicada a otro amigo músico muerto, el violonchelista Julián. La rima la refirió a su primera composición, por aquello de que los hallazgos hay que defenderlos y, como el nuevo músico cantado también tenía un grano, pensó que debía agrupar ambas composiciones — o la tercera si llegaba — bajo el título un tanto simbolista de «En la muerte de dos (o de tres) músicos con grano».

¡Oh, Mallarmé! — decía Senén del Polo recién inventado el título —, ¡divino Mallarmé! ¡Faro y guía de la rima moderna!

La segunda poesía de Senén era así:

Ha muerto el violonchelista.
Se llamaba Julián.

Tocaba para marqueses.
Fue novio de una corista.
Tenía un grano en la cara
pánfila de sacristán.
Era audaz y camorrista,
cínico, feo y cobista.
El sexto, larán, larán.

La que se armó con la segunda composición de Senén del Polo entre sus amigos y seguidores no fue para descrita. Cundió el entusiasmo, gimieron las prensas, hubo manifestaciones con muertos y heridos, lo hicieron hijo adoptivo de quince o veinte pueblos, en fin «el despiporrio», como en un momento de éxtasis y locura llegó a decir nada menos que el catedrático de Preceptiva Literaria.

Senén no cabía en sí de gozo. Se dejó una barbita dannunziana, se compró una estilográfica y una chalina nueva... Los parientes de Senén, que nunca habían creído en su talento, empezaron, en la tertulia del casino, a presumir de primo o de sobrino; las autoridades y fuerzas vivas, que antes ni lo saludaban por la calle, comenzaron a convidarlo a comer, y Senén, ante el horizonte sin límites, gozaba de la vida y recibía la visita de los jóvenes poetas que iban a pedirle un prólogo, o un consejo, o un duro.

Pero Senén, que había conocido los tiempos difíciles y era una especie de poeta chusquero, de poeta salido de la escala de tropa, no se durmió sobre los laureles, sino que — «muy por el contrario» — se desojaba sobre las cuartillas buscando un bello efecto, una imagen feliz, una nueva sonoridad.

Trabajó infatigablemente y consiguió redondear su tercer poesía, la que dedicó a don Malibrán, el muerto de turno. Hela aquí:

Ha muerto el gran guitarrista
llamado don Malibrán

Era de plata meneses
su fino ingenio de artista.
Tenía un grano en la cara
como el cráter de un volcán.
Era bizco y lerrouxista,
nadador y esperantista,
y nieto de un alemán.

Pero, ¡lo que es la vida!, cuando todo parecía que se le ponía a huevo, lo nombraron Diputado Provincial Delegado de Espectáculos, y empezó a presidir las corridas de toros, rodeado de señoritas gordas, sonrosadas, morenas y de peineta. En fin...

DON BELISARDO MANZANEQUE,
PROFESOR DE SOLFEO

El entierro de don Belisardo constituyó una sentida manifestación de duelo.

—¡Concho! ¡Don Belisardo —decían sus amigos al leer la esquela — la ha pringado!

Don Belisardo falleció, como su padre, a consecuencia de un grano. Los granos, a veces, cuando se enquistan y son de orden maligno, pueden precipitar a un fatal desenlace, y esto de fatal desenlace, en literatura, ya se sabe lo que significa: palmarla y quedarse tieso como un palo de escoba.

La esquela de don Belisardo era ni muy grande ni muy pequeña: era una esquela de tamaño mediano. A él le hubiera gustado un poco más lucida, pero la Parca le cogió un poco de sorpresa con su despiadada presencia, y don Belisardo no tuvo tiempo de ahorrar.

Los alumnos de sus clases de solfeo para adultos compusieron un himno funerario que fueron cantando en el cortejo:

> *¡Do, do, do!*
> *¡Don Belisardo, don Belisardo!*
> *¡Do, do, do!*
> *¡Ya se murió, ya se murió!*

Después hacían escalas, una del derecho y otra del reves, empezando por el si y acabando por el do, que era más difícil y más meritorio. Los pobres alumnos expresaban su dolor con los más sentidos acentos. No podían olvidar los desvelos de don Belisardo, y expresaban su pena con su doliente homenaje.

—¡Pobre don Belisardo! ¿Eh?

—Ya, ya. ¡Hay que ver!

—Y todo por un granito, ¿eh?

—Ya, ya. ¡Vaya granito con malas intenciones!

—¿Malas? ¡Siniestras, habríamos de decir!

—Bueno, pues decimos siniestras.

Don Belisardo Manzaneque y Manzaneque, vizconde viudo de Casa Manzaneque, había vivido sus últimos tiempos con una espartana estrechez. La pensión que recibía del Estado como único descendiente del glorioso brigadier Manzaneque, el héroe de Bohío Manso, era una miseria — diecisiete duros con descuento —, y él se ayudaba con sus clases de solfeo.

Hombre metódico y amigo del orden («Sin orden — solía decir — está todo revuelto»), don Belisardo había dividido sus cursos en secciones (sección femenina, sección masculina, sección infantil y sección adulta), porque, según frase de su padre — «de papá, el brigadier», como él decía —, «las promiscuidades a nada bueno suelen conducir».

Don Belisardo tenía su pisito en la calle de la Ternera, a mitad de camino entre el Equipo Quirúrgico y la calle de Preciados, y un letrero, diseñado y realizado por él mismo, que decía:

Solfeo. Canto. Declamación
MANZANEQUE
Clases limitadas. Separación de sexos.
Considerables descuentos a los ex cautivos

Don Belisardo decía cuando estaba de buen humor, que él pertenecía a una especie superior: la de los mamíferos vertebrados, vivíparos, bípedos, con palabra articulada y habilidad manual, esto es, simplificando, la especie de los mamíferos mañositos. Hombre de buen conformar, se consoló de la muerte de su padre comentando con un amigo las sorpresas que nos deparaba el destino.

— ¡Mire usted que yo, que siempre había creído que no era nada, y ahora, de la noche a la mañana, me encuentro con que, además de zaragozano, soy huérfano de padre!

— ¡Hay que ver! ¿Eh? ¡Este destino es el mismísimo demonio!

— ¡Y que lo diga!

Pero, ¡en fin, don Belisardo se fue camino del más allá! Su entierro — me parece que ya lo dijimos — constituyó una sentida manifestación de duelo. Negros crespones cubrieron los espíritus.

DEOGRACIAS CAIMÁN DE AYALA,
FAGOTISTA VIRTUOSO

Deogracias Caimán de Ayala y Velasco era, según podía comprender el más próximo a tonto, un hombre de buena casa vénido a menos o llegado al puro asco por el inesperado camino del fagot. Hay a quien le viene la ruina por sus malos pasos o por tener un padre calavera, o por nacer con cara de primo; pero Deogracias Caimán de Ayala y Velasco era una víctima de su arte y, como él decía, levantando mucho la ceja del ojo huero, un incomprendido de la anquilosada sociedad.

Cuando le echaron del colegio de Tuy no fue, como a Tomasito García, por abrir en canal a un gato para ocultar en su tripa diez duros, en perras gordas, hurtadas del cajón del portero, ni, como a Donato Carreño, por descubrirse que se escapaba de noche a cierta venta vecina al cementerio, donde un ventero consentido le denunció, bien que advirtiendo que no era por enamorar a la mujer, como él se creía, sino por beberse el vino, cosa que no hay honor que aguante. Deogracias era incapaz, en aquella época indecisa de granitos de pus en la barba, de las tres cosas antedichas; o sea: de beberse el vino, de decirle palabras bonitas a la mujer del prójimo y de ocultar diez duros en perras en la tripa de nadie. Fue por el fagot, o, mejor dicho, por documentarse avariciosamente y arrancar las hojas de una hermosa Enciclopedia del colegio, donde venía la palabra fagot con tiernos detalles de la más selecta erudición sobre el instrumento más grave de la familia del óboe.

Hay quien nace con afición a la Geografía, y quien con la vehemente vocación de hurgarse las narices; pero Deogracias Caimán de Ayala nació para el fagot, y lo demás le importaba un pimiento.

Cuando yo le conocí vivía de pupilo en la casa de Maruxa la Rómula, a quien la llamaban así porque, cuando su padre, un giboso tartaja, quitó de este valle de lágrimas a su mujer, recién parida, clavándole un hierro de la cocina en el corazón, se crió con una bruja, de nombre Emeteria, que vivía en el monte, y todos dijeron que a la Maruxa la había amamantado una loba, cosa más probable que atribuirle el asunto a los pechos de Emeteria, que ya no era moza cuando la carlistada.

El extraño apellido de Caimán nadie sabía de dónde venía.

Su padre se llamaba Ciriaco Caimán de Ayala, y había llegado a Mondoñedo de chico, poniéndose a servir en una fonda, y con una vaga idea de que era de Palencia o de Valencia, cosa que nunca llegó a poner en claro. De su madre sabía sólo que era de oficio ama de cría y, probablemente, asturiana.

Maruxa la Rómula tenía a Deogracias casi de caridad, porque era buena de suyo, para que digan luego que hay que ser bien criado, y también porque, a su modo, amaba el arte, y se le humedecían los ojos garzos y ligeramente pitañosos cuando, al amor de la lumbre del hogar, en las delicadas noches de luna, Deogracias tocaba para ella el fagot.

Deogracias tenía bien explicado a Maruxa la Rómula lo difícil que era el fagot por las exigencias de la digitación, que hacen posible sólo con mucho esfuerzo de tinos, imponiéndola bien en que nada en el mundo permite como este instrumento doblar en la octava inferior un pasaje a solo, ejecutado, por ejemplo, con un violín.

Cuando Deogracias ganaba algún dinero en un entierro se lo daba a su patrona, y ésta, entonces, compraba ese día vino del bueno y chuletas de cerdo; si bien, antes del ágape, encomendaban ambos el alma del cuitado al santo más a propósito, y, si era marinero, se le encomendaba, sin duda, a San Balandrán.

Tendría Deogracias, cuando le conocí, cincuenta años, más viejos que la cuenta a costa del ojo huero y el labio mellado, pese a lo cual malas lenguas decían que tenía prendada a Maruxa la Rómula, y que no era en ésta todo filantropía, como en Deogracias no era todo favor.

Deogracias murió aplastado por un camión de pescado una noche de romería, en que volvía de un pueblo próximo a Mondoñedo con el fagot a cuestas, y cuando le trajeron hecho totalmente una oblea hasta la puerta de Maruxa la Rómula, ésta tuvo un síncope de los gordos.

Le dio Maruxa a Deogracias Caimán de Ayala piadosa sepultura, con retratito de esmalte y cruz floreada de latón, y regaló pocos días después al Ayuntamiento el fagot del artista, con la idea de que en su día se pudiera hacer un museo, y que el nombre de Deogracias Caimán de Ayala figurara con letras de oro en el mármol lo más de Carrara posible que se encontrara en el país.

SERAFÍN PALOMO GARCÍA,
COLILLERO Y TENOR

Serafín Palomo García, hijo de Sinesio y Felicitas, natural de Moraleja, Ayuntamiento de Torrejoncillo del Rey, provincia de Cuenca, casado como Dios manda, mayor de edad, ex cautivo, tenor y colillero, se sentó a hacer escalas en unos desmontes que quedan por la calle de Ceferino Pascual, en la Guindalera.

—Do, do, do, do... Do, re, do, re do, re, do re...

Serafín Palomo carraspeó un poco.

—Do, do... No, no... Do, do... Tampoco, tampoco... Do, do, do, do... Ahora, ahora parece que ya sale un poco mej...

Serafín Palomo se tragó el «or» de «mejor». Unos niñatos que andaban a pájaros por el paisaje, se lo hicieron comer, de un cantazo en la nuca.

Serafín Palomo era hombre paciente. «Los artistas — pensaba a veces — tenemos que escudarnos en nuestra propia paciencia para andar por la vida.» Sus amigos le decían: «Eso es una estupidez, eso no es más que una estupidez.» Pero él contestaba: «Bueno», y los miraba con un desprecio infinito.

—Niños, tened cuidado, a poco más me descabelláis... Do, do, do, do...

Serafín Palomo iba todos los días a hacer sus escalas a los desmontes de la calle de Ceferino Pascual. Salvo lluvia, no faltaba ni uno. Los niñatos de los gorriones iban también todos los días a darle una pedrada en la cabeza.

Salvo que se abriesen al tiempo todas las compuertas de
todos los embalses del cielo, jamás faltaban a la cita.

—¿Qué conseguirán interrumpiéndome mis ejercicios
con sus infantiles ataques?

Serafín Palomo era muy hablado y muy fino y llamaba infantiles ataques a las pedradas. En política hubiera
hecho carrera.

—Do, do, do, do... ¡Ahora, ahora! Do, do, do, do,
do... Puccini, Verdi, Leoncavallo, el maestro Guerrero y
el marqués de la Valdavia. Do, do...

Serafín Palomo no vivía con su señora. Su señora, con
perdón, era una mula de varas. Un día le dijo:

—Serafín, o traes a casa los garbanzos de cada día y
la gallineja de los domingos y fiestas de guardar, o te
largas con tus dos y tus tres a otra parte. ¿Me entiendes?

—Sí, hija, sí que te entiendo. La cosa está bien clara.

—¿Y qué dices?

—¿Que qué digo? Pues digo que aquí el que lleva los
pantalones soy yo.

La señora de Palomo se puso hecha un basilisco.

—¡Ah, sí!, ¿eh? ¿Conque esas tenemos?.

La señora de Palomo cogió un palo y empezó a sacu-
dir a su marido. El pobre Serafín pegó tantos gritos que,
desde entonces, se le estropeó un poco la voz.

—Do, do, do, do...

Serafín Palomo, desde que lo echaron de su hogar,
vivía en unas cuevas del camino Queremón, de pensión
en una familia que se daba a la busca, que hacía a pelo
y a pluma y que lo mismo servía para un roto que para
un descosido, pero que era aficionada a las bellas artes
y, además, sabía distinguir y tenía buenas inclinaciones.

Serafín Palomo comía de lo que tocaba los días que
aportaba quinientas colillas negras al mancomún. Si cogía más, las que sobraban podía quedárselas para su uso
particular, para regalárselas a algún amigo e incluso para
venderlas. Allí no se fiscalizaba el exceso de cupo.

Serafín Palomo, por las mañanas, después de sus ejercicios, empezaba la recolección de la cosecha. Los pitillos

rubios ni los miraba, porque comunicaban mal sabor a la picadura. En realidad, los pitillos rubios son un asco, que cuando se fuman una vez ya no sirven para nada.

Serafín Palomo, a eso de las cuatro o cinco de la tarde, solía terminar su tajo. Entonces se volvía, siguiendo todo López de Hoyos, hasta su madriguera. Por las noches no salía nunca. La humedad de la noche estropea mucho las cuerdas bucales.

III

EL GRAN PAÑUELO DEL MUNDO

CARRERA CICLISTA PARA NEÓFITOS

En aquel pueblo había muchos neófitos. El pueblo no era ninguna aldea, ciertamente, sino más bien casi una ciudad; pero, de todas maneras, había muchos neófitos, casi demasiados neófitos.

—¡Cuántos neófitos hay en este pueblo! —decían los forasteros—. ¡Cómo se ve en seguida que tiene una economía sana, basada en la agricultura y en la pequeña industria!

—Sí, señor; la mar de sana. Todo el mundo lo dice. Y muy autárquica, además. Aquí, lo que más llama la atención es la autarquía, ¿verdad usted?

—Ya, ya...

Doña Ramona, la dueña del café-fonda La Mercantil, que en tiempos de su padre se llamó La Perla de las Antillas, y en el de su abuelo El Triste Venado, tuvo un éxito muy grande organizando su carrera ciclista para neófitos.

—A las cosas —decía—, lo que hay que buscarles es aplicación. De nada nos vale tener lo que sea si no lo aplicamos. Un capitalazo como una casa, si es improductivo, es como un jardín sin flores.

—Anda, ¡pues es verdad! —le contestaba don Ildefonso, el escribiente del Juzgado, que era algo memo—. Yo, en eso, no había caído.

Doña Ramona pensó que, con los neófitos, lo mejor era organizar una carrera ciclista.

—En este pueblo hay un horror de neófitos; todo el mundo lo dice.

—Sí, señora; neófitos hay muchos. Lo que no hay son bicicletas.

Doña Ramona no se amilanaba fácilmente.

—Pues que las pidan prestadas a los pueblos de al lado. Yo creo que la cosa bien merece la pena. Vamos, ¡digo yo!

—Sí, señora; sí que merece la pena. Pero ¿y la autarquía?

—¡Ay, Ildefonso, hijo! ¡Usted siempre poniéndome chinitas en el camino!

—Bueno, me callo; haga lo que le dé la gana. Yo cumplo con advertirla.

Doña Ramona se encerró tres días en la trastienda del Café y se inventó las bases para la carrera. El cartel que encargó decía:

«Gran Premio Velocipédico de Valverde del Arroyo. Reservado para neófitos. Recorrido, cien vueltas al pueblo, yendo por el Camposanto, pasando por la Picota y volviendo por el Matadero. Inscripción gratuita. Primer premio, un hermoso salchichón y veinticinco pesetas. Segundo premio, otro salchichón más pequeño y diez pesetas. Tercer premio, un objeto de arte. Presidirán las autoridades, en compañía de las más bellas señoritas de la sociedad arroyense.»

El éxito de inscripción fue grande, y para el premio de doña Ramona se inscribieron setecientos treinta neófitos. Una nube.

—El miedo que yo tengo es que tropiecen — decía doña Ramona —. ¡Qué barbaridad! ¡Qué aceptación!

—¡Hombre! Así, cualquiera. ¡Repartiendo salchichones y premios en metálico!

Cuando llegó el día de la carrera, los neófitos no cabían en la plaza. Menos dos o tres, que no entraron por eso de enseñar las piernas y se presentaron de pantalón largo, sujeto con unos alambritos por abajo, los demás optaron por el calzón de fútbol o por el albo calzoncillo prendido por delante con cuatro puntadas o con un imperdible para que no se abriese.

La salida la dio la Pura, que había sido «Miss Valverde del Arroyo» antes de la guerra, y que, aunque ya no era ninguna niña y tenía ya sus años y sus patas de gallo, aún no había sido desbancada por ninguna otra.

—¡Mírala, qué repajolera gracia tiene para agarrar la escopeta! — decía el tío Juan, un viejo verde y solterón, amigo del vino áspero, de las mozas galanas y de la caza de pluma —. ¡Si es que no hay otra como ella en muchas leguas!

Los neófitos, apelmazados en la plaza, los músculos en tensión, al manillar amartillados, un pie en el pedal y el otro en tierra, estaban pendientes de la escopeta de la Pura.

—Apunta para arriba — le había dicho doña Ramona —, no vayamos a tener tomate.

—Descuide usted.

En el balcón del Ayuntamiento, la Pura no podía revolverse entre tantas autoridades y jerarquías.

—¡Venga, dale ya! — le dijo el alcalde.

La Pura apretó el gatillo, pero la escopeta no escupió.

—¿Qué pasa?

—¡Anda! ¡Y yo qué sé!

—¡Que le aprietes, muchacha! Aprieta fuerte, y verás como sale.

La Pura hizo un esfuerzo y apretó con toda su alma.

—¿No sale?

—Pues no, señor. Ya usted lo ve.

—Bueno; es igual.

El señor alcalde se dirigió a los ciclistas. Antes pidió que le escuchasen, con un gesto apaciguador.

—¡Ciclistas!

Sobre la plaza resonó un hondo murmullo.

—¡Qué!

—Pues que vayáis saliendo, que esto no marcha.

La que se armó con la orden del alcalde no es para descrita. Setecientos y pico de neófitos, pedaleando como leones y echando los bofes por la boca, detrás del salchichón y de los cinco duros, por las cuestas de Valverde del Arroyo, es un espectáculo nada fácil de pintar.

El teniente de la Guardia civil decía:

—¡Qué barbaridad! ¡Parecen filibusteros!

EL FIN DE LAS APUESTAS DE DON ADOLFITO

Sɪ llueve, te doy un duro — le dijo don Adolfito a su secretario Cleofás Martínez —, y si no llueve me lo das
tú a mí.

—¡Pero, hombre, don Adolfito — le contestó Cleofás
Martínez —; si en este tiempo no llueve nunca!

—¡Ah, pues te fastidias! Ese es el riesgo, precisamente, de las apuestas; esa es su emoción. ¿Tú qué querías,
ganarme siempre?

—¡No, don Adolfito, yo no quería ganar siempre; yo
lo que quería era ganar de vez en cuando. El que quiere
ganar siempre es usted.

—¡No me faltes al respeto, Cleofás, que te traslado!

—Nada, don Adolfito, no se excite. ¡Va el duro!

Don Adolfito Aragonés era un hombrecillo canijo, des-
medrado, sin bigote. Su secretario, Cleofás Martínez, por
el contrario, era un hombretón corpulento, de anchas espaldas, fiero mirar mefistofélico y bigote enhiesto, a lo
Kaiser.

—Oye, Cleofás.

—Qué.

—¿Cómo qué?

—Digo, ¿qué quiere usted, don Adolfito?

—Te apuesto un duro a que la circular número 317
sobre pensiones a los cojos de la guerra de Cuba, naturales de la provincia de Orense, viene en la «Gaceta» de
5 de mayo de 1902. ¿Hace?

—Pues no, señor, no hace. ¡Cada vez me quedan menos duros para acabar el mes!

Don Adolfito se frotó las manos como un seminarista:

—¿Y si yo, ahora, te trasladase a La Línea de la Concepción, qué?

Cleofás Martínez se sacó del bolsillo una navaja de Albacete de siete muelles, la abrió y le partió el corazón a don Adolfito. Poco después empezó a llover. ¡También fue fatalidad!

—Mira que si eso de los cojos de Orense tampoco viene en la «Gaceta» del 5 de mayo de 1902...

Cleofás revisó la colección y, efectivamente, lo de los cojos de Orense no venía en la «Gaceta» del 5, sino en la «Gaceta» del 6.

—¡Ay, qué dos duros he perdido! —lloraba Cleofás sobre el cadáver de don Adolfito—. ¡Y todo por precipitarme! ¿Cuándo empezaré a aprender?

En el duro suelo, don Adolfito, bañado en sangre, se moría a chorros.

—Cleofás —dijo con un hilo de voz.

—¿Qué? —le respondió Cleofás con dureza.

—¿Me perdonas?

—¡No, señor, no le perdono! ¡Vengan mis dos duros! Está lloviendo y lo de los cojos no viene el día 5, viene el día 6.

—Cógelos, Cleofás, hijo mío, los tengo en el bolsillo del chaleco.

Cleofás cogió sus dos duros y don Adolfito expiró.

Cuando vino el juez a levantar el cadáver se encontró a Cleofás dormido en una butaca del despacho de don Adolfito.

—Pero, hombre, Cleofás, ¿qué hace usted?

—Pues dormir un rato, señor juez, ¿no lo ve usted?

—¡Vamos, vamos, Cleofás, despiértese! A ver, cuénteme usted cómo fue la cosa.

—Pues verá usted, señor juez, es todo bastante fácil de explicar. Don Adolfito y yo habíamos apostado dos duros: uno a la lluvia y otro a la «Gaceta». Esto era algo que hacíamos todos los días, ¿sabe usted? Aquí, entre estas paredes, la vida era monótona y aburrida y don Adolfito y yo, por distraernos, no por vicio ni por afán de lucro, nos pasábamos la mañana apostándonos duros hasta la una y media, que sonaba el timbre y nos marchábamos. Don Adolfito, a veces, para darme miedo... achares profesionales, decía el muy tuno, digo, el pobre..., me amenazaba con el traslado, pero yo ya sabía que era de broma. Pues bien, como iba diciendo, esta mañana don Adolfito y yo habíamos apostado dos duretes, uno a la lluvia, que gané yo, y otro a la «Gaceta», que gané yo también. Esto a don Adolfito le produjo una rabia terrible. Me pagó los dos duros y me dijo: «¿Tienes una navaja?» «Sí, señor — le respondí —, una navaja bastante buena que compré en el tren, en Albacete.» «¿Me la prestas? Quiero poner fin a mis días.» Yo, señor juez, se la presté porque creí que estaba de broma; pero, sí, sí, bromas... En cuanto que la tuvo en su mano, la abrió y ¡zas!, sin que yo tuviera tiempo de evitarlo, se la clavó en el corazón. El pobre, poco antes de exhalar el último suspiro, me miró con ojos suplicantes y me dijo: «A mi señora, ni una palabra, Cleofás; a mi señora le dices que estoy presidiendo un tribunal de oposiciones.» Después palmó.

—¿Eso fue todo, Cleofás?

—Sí, señor juez, eso fue todo.

A don Adolfito lo enterraron — a espaldas de su señora, que al cabo de varias semanas empezó a decir: «¡Ay, qué dichosas oposiciones; van a acabar con la salud de mi pobre Adolfito, y al final para que nadie se lo agradezca, como pasa siempre! — y Cleofás consiguió que su inocencia luciera, resplandeciente; pidió el retiro y se puso a vivir de un garito que instaló bajo el hermoso título de «La Paternal. Sociedad de Recreo».

En el único salón de «La Paternal», un retrato de don Adolfito, de uniforme, presidía las partidas de cané, de gilé y de bacará. ¡Daba gusto verlo!

—Aquí fue, debajo de esta medalla conmemorativa — decía Cleofás a las visitas —, donde don Adolfito se pinchó. ¡Descanse en paz el probo patricio!

Don Juan de Dios de Cigarrón y Expósito de Luarca, representante de la fábrica de ataúdes «El féretro moderno», tenía ya una gran práctica en contar la bonita historia de don Adolfito y Cleofás.

—El Cleofás, que era más listo que una ardilla, vivió bien el resto de sus días. «La Paternal» le dejaba una rentita bastante saneada y él, además, no era dilapidador ni vicioso, sino más bien ahorrador y ordenado. Pero al don Adolfito ya veis lo que le pasó con su feo vicio de apostar. Ya lo dice el refrán: «El que apuesta, desazonado se acuesta».

—Claro, claro — decían las señoras de su tertulia.

—O bien: «El que apuesta, pierde el pan y pierde la cesta».

—¡Qué bien está eso! ¡Eso sí que está bien!

La que había hablado era doña Sonsoles de Patria y Patriarca de la Guinea Meridional, una dama de alcurnia, pero un poco mema, que llevaba bisoñé, hablaba algo el francés y tenía la rara habilidad de trincar gatos, operación difícil que ella hacía con una extraña soltura, para después tirarlos de cabeza al pozo negro.

—A mí esto de los refranes de Juanito de Dios, ¡es que me chifla! ¡Si yo tuviera buena memoria para repetirlos!

La doña Sonsoles era una solterona menopáusica y más vieja que un loro, que no tenía ni memoria, ni gracia para contar refranes, ni chistes, ni nada. De ella, según decían sus amigas, cuando se pone a contar un chiste, cabe esperar cualquier cosa menos reírse.

—¡Pero qué asna eres! — le suele decir su hermano don Obdulio, capitán de Carabineros —. ¿Pero no te das cuenta, cacho boba, que eso no es así?

—¡Anda! ¿Pues cómo es?

Doña Sonsoles, por más que quería aprenderse un cuento que le habían contado y que le había hecho mucha gracia, no lo conseguía. El cuento era ya bastante viejo:

un señor le pregunta a otro en una piscina: «¿Usted no nada nada?», y el otro contestaba: «No, señor, yo no traje traje», pero en la versión de doña Sonsoles ya no resultaba tan chistoso.

Doña Sonsoles explicaba su cuento así, sobre poco más o menos: «Una vez, en una piscina, un señor vio a otro que andaba por allí sin bañarse, y le dijo: "Oiga, ¿y usted no se baña?" y el otro lo miró, fue y le dijo: "No, señor, yo me olvidé el traje de baño en casa".»

—¡Es que es para troncharse! — comentaba doña Sonsoles para animar un poco a la gente —. ¿Cómo se iba a bañar si se había olvidado del traje de baño? ¡Pues anda, ni que estuviéramos en Francia!

Las señoras y los caballeros de la tertulia de don Juan de Dios la miraban con una mezcla de compasión y de desprecio.

—¡Anda, cállate, Sonsoles, deja a Juanito que siga contándonos las pillerías de Cleofás!

—¡Pues hija! — rezongaba en voz baja la mula parda de doña Sonsoles —. ¡Una también tiene derecho!

Don Juan de Dios sonreía apaciguador.

—No, nada más; de Cleofás y de don Adolfito ya les conté toda la historia...

La tertulia de don Juan de Dios de Cigarrón y Expósito de Luarca era algo graciosa. Otro día, a lo mejor, les cuento algo de ella. Hoy no, hoy ya no tengo sitio.

DON JUAN DE DIOS DE CIGARRÓN Y EXPÓSITO DE LUARCA, ANFITRIÓN

UNA copita, condesa?

—¡Por Dios, Juanito; ya sabes que a mi marido no le gusta que me entrompe! Dice que me pongo muy bestia y que no hago más que el burro.

—Anda, boba, la penúltima.

—¡Ay, Juanito, no me insistas! Si sigo bebiendo, voy a enganchar una toña de capitán general.

Don Juan de Dios giraba sobre sus talones.

—¿Organizamos un bridge, marquesa, para los polacos emigrados?

—¡Denén un bridge! ¿Tú te has creído que soy mi madre? No, hijo; conmigo no contéis más que para el gilé.

Don Juan de Dios era un anfitrión perfecto, no insistía jamás.

—¿Valsamos, duquesa?

—Espera a que le den a la samba. A mí, los valses es que me dan cien patadas en mitad del vientre. ¡Chico, no lo puedo evitar! Oír un vals y empezar a darme arcadas es todo uno. Eso digo yo que irá en gustos, ¿verdad, Juanito?

Don Juan de Dios, siempre amable, se volvió a la orquesta.

—¡Solís..., Solís!

Solís era un muchacho paliduchín que tocaba el piano y dirigía el sexteto «Los Truchimanes del Sena».

—Dígame, señor.

—Anda, dejaos de valses y meterle mano a una samba que quede mona.

—Bien, señor.

Solís y su orquesta acababan el vals como podían y se arrancaban por una samba. A ellos les ira igual. Su lema era bastante sencillo: «Si pagan, soplamos; si no pagan, que sople su padre, y, ya puestos a soplar, ¿qué más nos da soplar por lo fino que por lo ordinario?» Solís era un muchacho joven, pero de mucho mundo.

Las reuniones de don Juan de Dios tenían mucha fama entre la buena sociedad. Ser invitado a una reunión era como recibir la alternativa entre el gran mundo. En la ciudad había muchos comerciantes que hubiesen dado la mitad de su fortuna a cambio de poder pasearse a sus anchas por los salones de don Juan de Dios.

—¡Bah! —decía a veces don Juan De Dios—. Pompas y vanagloria. Qué le vamos a hacer. Pero mientras no me fallen mis Pompas Fúnebres...

Don Juan de Dios de Cigarrón y Expósito de Luarca, vástago postrero del noble tronco de los Cigarrones y del dilatado árbol, o más bien bosque, de los Expósitos de Luarca, que, a pesar de ser tantos, no se parecían ninguno, tenía una funeraria muy próspera, que se llamaba «El Féretro Moderno». Usar, llegado el momento, un vistoso ataúd con el inconfundible sello de los de la fábrica de don Juan de Dios, era inequívoco signo de distinción en toda la ciudad.

—¡Ay, Juanito! —le decía, de cuando en cuando, alguna invitada—. Tú nos invitas a tus guateques; pero anda que, cuando la pringamos, bien te cobras. Eres el funerario más carero de toda España.

—Y el más chic, amiga mía; que todo tiene su importancia. Y, además, después de palmarla, ¿qué más os da que mi tarifa sea un poco elevada? ¡Allá vuestros herederos! Yo lucho contra ese refrán de «A burro muerto, la cebada al rabo». ¡No, y mil veces no! «A burro muerto, entierro de primera.» ¡Pues estaría bueno! Pero, en fin, no hablemos de cosas tristes. ¿Salimos a la terraza, baronesa?

—Anda, vamos. Sí; más vale no hablar de cosas tristes.

Don Juan de Dios ofrecía el brazo a su invitada. Para un ser extraño que tuviese tanto olfato como diez *pointers* juntos, el brazo de don Juan de Dios olería un poco a muerto.

—Pero con buenas intenciones, ¿eh, Juanito? Que yo me conozco a mis clásicos.

—Sí, mujer; con la mejor intención del mundo. Salgamos un poco a embebernos del balsámico airecillo de las madreselvas.

Cuando don Juan de Dios empezaba a llamar mujer, a secas, a sus invitadas, ¡malo! Y cuando se ponía cursi y sentimental, ¡peor!

Don Juan de Dios, en sus fiestas, no se daba descanso; era un tío muy acostumbrado, que estaba en todo. Las malas lenguas de la ciudad, que nunca faltan, decían que don Juanito había salido grilla; pero eso era una gorda calumnia sin fundamento.

—Es que es mucha disposición ésa para un tío que sea como Dios manda. El don Juanito es demasiado mañoso; siempre anda a vueltas con los detallitos, y, lo que decía Schopenhauer: «Cuando un tío anda todo el día con detallitos para arriba y para abajo, ese tío es tonto». Schopenhauer era un sabio muy importante, un sabio de tomo y lomo. ¡Caray con Schopenhauer, las cosas que se le ocurrían!

El que llevaba la voz cantante en la ofensiva contra don Juan de Dios era Jesús Calixto Samaniego, «el Guapo», porque había otro que era feo, y a quien llamaban el «Sapo diabético», porque, además de feo, era dulzón y pegajoso. Don Jesús Calixto Samaniego era un hombre que sentía un odio africano por don Juan de Dios.

—Ése es un funerario finchado y presumido. ¡Miren ustedes que andar dando fiestecitas, con ese oficio tan serio! ¡Eso es prostituir las profesiones!

—Sí, señor, muy bien dicho — le coreaba en el casino don Odón de Pedro, practicante y peluquero —. Esa es la palabra.

—¡Usted se calla! — rugía don Jesús Calixto.

—Pero, hombre, si le estoy dando la razón a usted.

—¡Ah, bueno!

Don Juan de Dios de Cigarrón se enteraba de los ataques que le dirigían como quien se entera de que está lloviendo. A él le tenían sin cuidado.

—Yo soy un espíritu fuerte — solía decir —, que sé muy bien adónde voy. Me explico que mi vida suscite las iras de los inadaptados. Eso es lo que es «el Guapo»: un inadaptado. Mucha facha, mucho estirarse, ¿y qué? En cuanto se le rasca un poquito, ¿qué aparece? Pues nada: inadaptación y mugre.

Las señoras de la localidad habían tomado todas el partido de don Juan de Dios.

—¡Menudas recepciones da! Son las de más tono de toda España, sin duda alguna. ¡Lo que quieren los que lo atacan es que los invite! Eso está bien claro. Aquí no hay más que envidias.

Las señoras no es que discurran mucho; pero, como no dicen nada más que cosas fáciles, suelen acertar. Don Juan de Dios las miraba, si no con afecto, sí con una complacida simpatía. En sus salones, aunque no hubiese cócteles y guateques; aunque sólo se estuviera en la tertulia corriente, en la de todos los días, había siempre gran profusión de señoras.

—Son las lindas y multicolores florecillas que adornan mi existencia — decía don Juan de Dios, poniendo un gesto beatífico —. Sin ellas, mi vida ¿qué sería? Pues nada. Una vida sin aliciente.

—Pero, Juanito, ¿y tu negocio?

—No es bastante un negocio, amiga mía, para justificar toda una vida. Ni siquiera cuando el negocio es una moderna manufactura de ataúdes.

—Ya, ya...

—¡Pues claro que ya, ya! Yo no soy de los que se

conforman con estarse en su tienda, sentados en una mecedora, esperando a que venga el cliente. Además, en el comercio a que yo me dedico, nunca viene el cliente; es inútil esperarlo, casi siempre manda a uno de la familia. Yo tengo un espíritu más activo. Ya no es verdad eso de que el buen paño en el arca se vende. Mi industria, por lo menos, necesita mucho de la propaganda. En el Congreso de Funerarios, que se celebró en Nueva York, se llevó el primer premio de publicidad una casa que llegó a vender mucho haciendo famoso un *slogan* que decía: «Señora, caballero, ¿por qué se empeña en seguir viviendo cuando la casa Tal, por tantos dólares, puede organizarle a usted un entierro bellísimo y sensacional?»

Las señoras suspiraban de gozo.

—¡Hay que ver!

—Pues, naturalmente, que hay mucho que ver, condesa. Muchísimo. Aquí, la gente se cree que, en mi negocio, lo único que hay que hacer es ir almacenando existencias para cuando llegue la epidemia. Craso error. El mérito es vender sin epidemias, dándole todas las ventajas al enemigo, en noble lucha contra la higiene y contra las sulfamidas.

—Cada día más difícil, Juanito.

—Sí, hija; cada vez más difícil. En fin..., ¿una copita?

La condesa tuvo un gesto de duda.

—Bueno, sí; dámela. Estoy ya muy despejada. A mí, el hablar de todas estas cosas me despeja mucho.

PUESTA DE LARGO

El periódico decía: «Ecos de sociedad. Puesta de largo. Anoche, y en su residencia particular, sita en la avenida del Alamillo, vistió sus primeras galas de mujer la encantadora jovencita Maru Pérez, que realzaba su natural belleza con un vestido de lamé de plata abrochado todo por detrás. Acompañaron a la joven Maru en su fiesta de juventud sus primas, las señoritas Puri, Luisi y Petri Pérez, y sus encantadoras vecinitas Cloti, Loli y Pepi López, que la ayudaron a hacer los honores a la numerosa y selecta concurrencia. Los padres de la joven Maru, doña Maruja Expósito y don Tomás Pérez, del comercio, recibieron múltiples felicitaciones con motivo del simbólico acto.»

La nota del papel estaba muy bien, lo que se dice muy bien. A don Tomás le costó sus buenos duros; pero... lo que decía doña Maruja:

—¡Pues anda! ¿Y en qué nos vamos a gastar los cuartos mejor que en que la chica luzca? ¿Verdad, usted?

—Sí, sí — le decían sus amigas —. Nosotras también creemos lo mismo. ¿En qué mejor?

La puesta de largo de Maru fue muy trabajosa y su familia estuvo bastantes días muy atareada y revolviendo Roma con Santiago.

Poner a una chica de largo, sobre todo si se quiere quedar algo bien, no es nada fácil y hay que estar en todo para que las cosas salgan a derechas.

—¡Qué horror, qué horror! ¡Una no puede estar en todo! ¡Seve! ¡Seve!

—¡Voy, señorita!

—¡Seve! ¡Seve!

—¡Voy, voy!

—¿Llamó usted a la estraperlista del café?

—Sí, señorita; una servidora fue a ver a la señora Alejandra, la que se pone en la boca del Metro a vender barras, pero la señora Alejandra, con esto de que ya dan pan, pues la pobrecita está en la ruina y sin saber qué hacer. ¡Mire usted que haber dejado a tanta gente sin comer! Lo que una servidora dice: que todo el mundo tiene que vivir, ¿verdad, usted, señorita? Pues claro, la señora Alejandra ya no va por allí a vender barras, y claro, la señora Alejandra es la que sabía dónde paraba la señora Regina, que es la estraperlista del café, ¿sabe usted? Y lo que una servidora dice: ¿dónde estará la señora Regina?

Seve es una chica muy respetuosa, aunque algo confusa. Doña Maruja, en realidad, no usaba a Seve más que para gritarle.

Las últimas palabras de Seve ya no llegaron a oídos de doña Maruja. Doña Maruja, que tenía que estar en todo, interrogaba ahora a don Tomás:

—Tomás.

—¿Qué?

—¿Te has ocupado de lo del periodista?

—¿De qué periodista?

Doña Maruja, la pobre, se desesperaba.

—¡Qué horror, qué horror! ¡Una no puede estar en todo! ¿De qué periodista va a ser? ¡Pues del periodista! ¿O es que quieres que tu hija se ponga de largo sin periodista?

—¡Ah, sí! Pues sí, ya dejé el recado en el bar de Emilio, a ver si alguien conoce a algún periodista. No creas tú que esto es fácil. Periodistas no hay muchos, no vayas a creer, y además andan muy ocupados.

—¡Bueno! ¡Pero no querrás que tu hija se ponga de largo sin periodista! Vamos, ¡digo yo! Cuando se puso de largo la Raquel, la de doña Juana, que es un bicho, su padre bien que se ocupó de buscarse un periodista.

—Sí, mujer; no te lo discuto. La niña tendrá periodista, ya verás.

—Sí, ya veré, ¡ya lo estoy viendo! ¡Ay, Señor, si
una faltase!

Don Tomás, en el bar de Emilio, le había dicho al
dueño:

—Oye, Emilio, ¿tú sabes de algún periodista?

El Emilio puso una cara extraña, y respondió:

—¿Periodista? No, señor; yo no sé de ninguno. ¿Por
qué?

Don Tomás disimuló:

—No, por nada... Oye, si sabes de alguno me lo man-
das, ¿eh?

—Descuide.

Doña Maruja se puso su abriguito y se acercó a la
bollería.

—Oiga usted, señora Matilde, para el sábado nece-
sito... A ver, apunte usted, no se vaya a olvidar: quince
bollos suizos.

—Suizos, quince.

—Diez ensaimadas.

—Ensaimadas, diez.

—Doce torteles.

—Torteles, docena.

—Veinte mediasnoches.

—Mediasnoches, veinte.

—Y...

La señora Matilde levantó la vista de sus apunta-
ciones.

—¿Algo más?

Doña Maruja estaba pensativa.

—No sé... ¿Usted cree que tendré bastante?

La señora Matilde era una panadera ecléctica.

—Según para qué.

Doña Maruja salió de su ensimismamiento.

—¡Ay, qué tonta! ¡Si no le había dicho a usted nada!
Es que mi chica, ¿sabe usted?, la Marujita...

—Sí.

—Pues que la vamos a poner de largo.

—¡Anda, pues sí que se lo tenía usted callado! ¡Ni que una fuera una cotilla!

—No, mujer, es que una, ¿sabe usted?, una no puede estar en todo.

—Ya comprendo.

—Y claro, con esto de los preparativos que hay que hacer...

Daña Maruja se extendió en unas largas consideraciones. Cuando volvió a su casa, le dijo a la niña:

—¿Te has ocupado de los que van a poner el picú?

—Sí, mamá.

—¿Y les has dado bien la dirección?

—Sí, mamá: callejón del Alamillo, 68, escalera C, octavo, puerta 17.

—Muy bien. ¿Y qué les has pedido?

—Pues foxes y boleros y sambas...

Doña Maruja pegó un respingo.

—¡Ya estás llamando a los del picú a decirles que no traigan sambas!

La niña la interrogó, suplicante:

—Pero, ¿por qué, mamá, con lo bonitas que son?

—¡Nada! ¡No quiero sambas! ¡Las sambas son una indecencia que no hacen más que acalorar a la juventud! ¡O llamas a decir lo de las sambas o no hay festejo!. ¡Tú verás!

Maru llamó a los del picú y les dijo que no trajeran sambas, que trajeran foxes y boleros.

—Oiga, señorita, ¿y no querrá usted algún bolero asambado?

—No, no, muchas gracias; foxes y boleros que sean boleros, ¿eh?

—Como guste.

Los preparativos fueron más, porque, como el lector podrá suponer, una puesta de largo es muy trabajosa. Lo que pasa es que aquí ya no caben y lo mejor será seguir otro día.

¡AH, LAS CABRAS!

Se cerró, al caer de las cinco, la tertulia del viejo Ateneo de la vieja capital provinciana. Don Servando, el profesor de Preceptiva Literaria, el amigo del alma, según él mismo se encargaba de asegurar, de Núñez dè Arce y de don Ramón de Campoamor, había doblado ya — ¡con qué cuidado, Dios! — su tres cuartos sobre el respaldo de la butaca, y don Manuel, el melifluo escribiente de la Notaría de Troncoso, había dicho ya, como todos los atardeceres, aquellas hermosas palabras suyas sobre el negro manto de la noche oscura.

La tertulia — ¿desde cuántos años ya? — sólo esperaba esas dos últimas señales para considerar abierta su sesión y cerrada su puerta. Los hombres que la formaban, caballeros conspicuos, conservadores — sin dejar, por eso de amar el progreso, naturalmente bien entendido — y amigos de adiestrarse, día a día, en perfeccionar sus mismos y cotidianos hábitos, habían antes fumado sus cigarrillos en silencio, habían hojeado «La Tarde» repasando las esquelas de defunción y habían sorbido cautelosamente sus tacitas de café. Allí nadie tomaba la palabra hasta que la reunión se completaba. Era un acuerdo tácito, una norma de derecho consuetudinario muy vieja ya y que nadie se hubiera atrevido, por nada del mundo, a romper.

Se solía tratar de cuestiones serias relacionadas con la vida política y económica del país, y sólo muy de tarde en tarde se toleraba la licencia de hablar de las novias de don Alfonso XII o de una faena casi inverosímil de Mazzantini.

La voz cantante la llevaba, por lo común, don Servando, casi siempre el último en llegar. Aquel día, sin embargo, cuando el profesor de Preceptiva iba a empezar su perorata, don Daniel, el melenudo don Daniel, le hizo una amistosa seña con la mano, como indicando calma y pidiendo licencia, al tiempo que decía:

—Señores: he estado durante largos años estudiando un problema que siempre ha torturado mi espíritu. Ayer por la noche creo que he dado con el quid de la cuestión, creo que he puesto el dedo en la llaga. Si ustedes me lo permitieran...

Don Daniel era un médico viejo, barbudo y republicano federal. Dicen que de joven tuvo amores con una duquesa muy influyente en la Corte, y que un día, cuando se hartó de la dama y se lo dijo, ella, rabiosa, le tiró un frasco entero de vitriolo que le dejó una horrenda cicatriz en el cuello y en la barbilla. De lo que haya de cierto en todo esto, poco se sabe, porque tanto el cuello como la barbilla de don Daniel eran algo perfectamente inexplorado. Sus contertulios hicieron un gesto como indicando: «Hable usted», y don Manuel, con la voz velada por la emoción, dio comienzo a sus conclusiones:

—Señores: la economía de nuestro país amenaza ruina, es ya un viejo fenómeno ante el cual sólo nos queda buscarle una solución y dejar ya de lamentarlo. Voy a ser breve y voy a deciros, tan rápidamente como pueda, la medida, la única medida, para lo que creo debemos solicitar del Poder público su rápida implantación: España es un país, amigos míos, en el que, sin demora alguna, se debe ir al rápido exterminio de la cabra. Creo que es necesario que todas las cabras mueran para que nosotros podamos seguir viviendo. En España, señores, el nivel de vida del pueblo es bajo, porque no tenemos industria. Miremos un poco hacia afuera y no nos será difícil observar que los países con una industria floreciente — la Inglaterra, la Prusia, la Francia — han logrado elevar hasta cumbres realmente insospechadas el nivel de vida de sus habitantes. Y ahora yo pregunto, señores, ¿por qué en

España no hay industria? La respuesta se me antoja obvia: en España no hay industria, porque el español es un hombre poco aficionado a trabajar. Y bien, ¿es el español un ser mal dotado para el trabajo, o es, simplemente, un hombre a quien se le han escapado, poco a poco, las ganas de trabajar? He pensado mucho en todo esto que a ustedes, antes que a nadie, comunico, para no tener perfecta y lógicamente trabados todos mis argumentos. El español es poco aficionado a trabajar porque, no nos engañemos, la raza está depauperada. No se asusten ustedes, porque mi tesis es constructiva. ¿Por qué está depauperada la noble y antigua raza española? Sin duda alguna porque no come carne. Y el pueblo español, mis buenos amigos, no come carne porque España no es, contra todo lo que se ha dicho, un país ganadero. ¿Saben ustedes porqué? Creo que es bien sencillo. España no es un país ganadero porque carece de pastos. Salvo algunas manchas del litoral del Norte, en España los pastos, donde no están sempiternamente agostados, han desaparecido. ¿Tiene arreglo la carencia de pastos? Quiero pensar que sí. Veamos sus causas: en nuestra Patria no hay pastos, pura y sencillamente porque no llueve. ¿Y por qué no llueve?, se me puede argüir, ¿qué culpa tenemos los españoles de que sobre nuestro suelo no se derrame esa bendición de los cielos que se llama la lluvia? Bien sencillo es: no llueve sobre nuestros campos porque carecemos en absoluto de bosques. Y esto, señores míos, sin la rápida intervención del Gobierno, es punto menos que imposible el conseguirlo. No hay bosques en España porque cuando un arbolito nace, cuando el tierno esqueje se asoma de la tierra a gozar de la tibia caricia del sol, ¡zás!, viene una cabra y se lo come. ¡Acabemos con las cabras si queremos prosperar y progresar! No hay otra solución.

Don Gabriel dejó caer pesadamente la cabeza sobre el pecho. ¡Eran muchos años de labor incesante! Sus amigos le miraron aquel día con una ternura infinita...

VOCACIÓN DE REPARTIDOR

Robertito tenía seis años, el pelo colorado, un jersey a franjas, dos hermanas más pequeñas que él, y una ilimitada vocación de repartidor de leche.

El misterioso planeta de las vocaciones está por explorar. El misterioso planeta de las vocaciones es un mundo hermético, recóndito, clausurado, pletórico de una vida imprevista, saturado de las más insospechadas enseñanzas.

—Niño, ¿qué vas a ser?

—General, papá.

El día estaba espléndido, radiante, y las golondrinas volaban, veloces, al claro y cálido sol.

—Niño, ¿qué vas a ser?

El día está nublado y frío, desapacible y gris. El niño rompe a llorar con un amargo desconsuelo.

—Nada, yo no quiero ser nada.

A Robertito, por la mañana temprano, la madre lo lava, lo peina, le echa colonia, le pone su jersey a franjas y le da de desayunar.

Robertito está nervioso, impaciente, preocupado, imaginándose que el reloj vuela, desbocado, desconsiderado. En cuanto Robertito se toma la última tierna, aromática sopa de café con leche, se lanza como un loco escaleras abajo. A Robertito le va latiendo el corazón con violencia. A Robertito, su libertad de cada mañana le hace feliz, pero su felicidad es una felicidad de finísimo cristal fácil de quebrar.

Robertito, ya en la calle, sale arreando hasta una esquina lejana, la distante esquina en la que piensa durante todo el día.

A lo lejos, por la acera abajo, vienen ya Luisito y Cándido, dos niños de nueve y diez años, los dos niños de la lechería, que ya han empezado el reparto, que ya se ganan su pan de cada día.

Luisito y Cándido son los dos héroes de leyenda de Robertito, sus dos espejos de caballeros. Robertito hubiera dado gustosamente una mano por conseguir la amistad de los dos niños de la lechería, su tolerancia al menos.

A Robertito le empieza a latir el corazón en el pecho y una dicha inefable le invade todo el cuerpo. Luisito y Cándido, sin embargo, no piensan ni sienten, ni tampoco padecen, lo mismo.

—¿Ya estás aquí, pelma?

Robertito siente ganas de llorar, pero procura sonreír. ¿Por qué Luisito y Cándido no quieren ser sus amigos? ¿Por qué no lo tratan bien?

—Sí — responde Robertito con un hilo de voz.

Robertito está relimpio, repeinado, casi elegante. Sus dos huraños, imposibles amigos aparecen sucios, despeluchados, desastrados. Robertito y los dos niños de la vaquería hacen un trío extraño; evidentemente, Robertito es el tercero en discordia.

—¿Me dejáis ir con vosotros?

La voz de Robertito es una voz dulcísima, suplicante.

—¡No! — oye que le responden a coro.

Robertito rompe a llorar a grito herido.

—¿Por qué?

—Porque no — le sueltan los dos —, porque eres un pelma, porque no queremos nada contigo, porque no queremos ser amigos tuyos.

Luisito y Cándido salen corriendo con el cajoncillo de lata donde guardan los botellines de leche. Robertito, hecho un mar de lágrimas, corre detrás. Él no se explica por qué no le permiten que los acompañe a repartir la leche; él les daría conversación, les ayudaría a subir los botellines a los pisos más altos, les iría a recados con mucho gusto. A cambio no pedía nada: pedía, ¡bien poco es!, que lo dejasen marchar al lado, como un perro conocido.

Al llegar a una casa, los dos niños de la lechería se paran. Robertito se para también. Hubiera dado cualquier cosa porque le dijeran: «Anda, quédate guardando las cacharras», o «Anda, súbete esto al séptimo izquierda», pero Luisito y Cándido ni le dirigen la palabra.

Los dos niños de la lechería se meten en el portal, y Robertito, empujado por una fuerza misteriosa, entra detrás.

—Oiga, portero, eche usted a éste, que es un pelma, éste no viene con nosotros.

Robertito, al primer descuido del portero, sale corriendo detrás de los niños, subiendo las escaleras de dos en dos. Los alcanza en el sexto, adonde llega jadeante, con la frente sudorosa y la respiración entrecortada.

Los niños de la lechería, al verlo venir, lo insultan. Robertito llora y grita cada vez más desaforadamente. Un señor que bajaba las escaleras sorprende la escena.

—Pero, hombre, ¿por qué le pegáis, si es pequeño?

—No, señor; nosotros no le pegamos, es que no queremos hablarle.

El señor que bajaba la escalera pregunta ahora a Robertito.

—¿Tú vives aquí?

—No, señor — respondió Robertito entre hipos.

—¿Y eres de la lechería?

—No, señor.

—¿Y, entonces, por qué vienes con éstos?

Robertito miró al señor con unos ojos tiernísimos de corza histérica...

—Es que es lo que más me gusta.

Por aquel misterioso planeta, aquel séptimo cielo de las vocaciones que no se explican, corría una fresca, una lozana brisa de bienaventuranza.

¡QUIÉN ME COMPRA LA DAMA Y EL NIÑO!

Un guardia municipal con el uniforme lleno de vivos rojos y de galones y galoncillos color plata, explica a dos amigos por dónde entraba, cómo derrotaba, qué extraños hacía aquel toro corniveleto que se llamaba «Cartagenero» y que dejó sequito, con un desgarrón de a palmo en mitad del vientre, al pobre Paco Horcajo, alias «Ranero», natural de Ciadoncha, provincia de Burgos.

—Oiga usted, guardia.

—Va.

El guardia ni mira; está muy emocionado.

—Él tenía la muleta así, en la izquierda, con la mano muy baja. Citó al toro desde muy lejos. En el tendido ya sabíamos lo que iba a pasar: lo veía todo el mundo. Una de las señoritas presidentas le gritó: «¡«Ranero», que te trinca!», pero el chico tenía mucho pundonor y ni se movió.

—Oiga, guardia.

—Va. Entonces el morlaco se arrancó sin avisar y, ¡zas!, lo enganchó por la riñonada, lo volteó, fue por él otra vez y, ¡zas, zas zas!, se hartó de darle cornadas.

El señor que quería preguntarle algo y los dos amigos ayudaron al guardia a levantarse del suelo.

—¿Se ha hecho daño?

—No, no ha sido nada. El «Ranero» quiso levantarse, pero no podía con su alma.

—Óigame, guardia.

—Va. Lo cogieron entre tres o cuatro y se lo llevaron a la enfermería.

Los amigos del guardia estaban suspensos, con el ánimo colgado de un hilo. Los tranvías pasaban para arriba y para abajo, y los taxis, al llegar al grupito del guardia, se apartaban en poco.

—Oiga, guardia.

—¡Va, hombre, va! El pobre «Ranero», a poco de entrar en la enfermería, expiró.

Los ojos del guardia estaban empañados por una nubecilla de emoción.

—¿Deseaba usted algo, caballero?

—Pues, sí. Oiga, yo soy forastero. ¿Dónde puedo encontrar una fonda que esté bien y que no sea muy cara?

—Sí, señor. «El Chito», que tuvo que liarse con el animal, le hizo una faena de aliño y en cuanto que pudo, fue y lo despachó. Para mí que hizo bien.

Desde una esquina, un ciego, con las vacías cuencas sangrantes, pregona los iguales con una voz cascada, estremecedora.

—¡Quién se va a llevar los cuatro pescaditos!

Un heladero despacha mantecado helado a un niño gordito, bien vestido, y un señor de posibles tira, desde lejos, una perra al ciego.

—Oiga, guardia.

—Va. ¿Tiene usted un papel de fumar?

—Sí; cójalo usted.

—Agradecido. La cuadrilla se quedó muy apenada. Lo que ellos decían: «Y ahora, con la temporada ya cuesta abajo, ¿a dónde nos arrimamos?» ¡También es triste tener que depender siempre de otro!

—Pues sí que es verdad.

El guardia saludó a un concejal:

—¡Siga usted bien, don Santiago!

—¿Qué, sin novedad?

—Pues sí, don Santiago, aquí dirigiendo la circulación.

El guardia tocó un poco el pito y mandó parar a un coche.

—¡Hay que ir más despacio!

—¡Pero si voy parado!

—Bueno, ahora sí; pero otras veces vas como un loco.
Un día vamos a tener un disgusto.

El ciego de la esquina gritaba, sin entusiasmo alguno:

—¡Tengo los matrimonios! ¿Quién quiere el barco
velero?

Don Santiago se metió por una bocacalle.

—¡Así te vieses colgado, tío tirano!

El guardia aborrecía de todo corazón a don Santiago.
Por su gusto, lo hubiera arrastrado ya más de una y más
de dos veces.

—Óigame, guardia.

—Pues, sí, señor, como le decía, fondas hay muchas;
ahora, una que esté bien... ¿Usted cuánto quiere pagar,
sobre poco más o menos?

—Hombre... Pues cuatro duros o veintidós pesetas.

—Sí, por ese dinero ya se puede encontrar algo que
esté curioso. ¿Ha mirado usted en casa de la Purita?

—No; yo no conozco la ciudad. Yo soy forastero, como
le digo.

—Ya. La casa de la Purita tiene fama de estar bien.
Usted la habrá visto; es enfrente de la estación, nada más
salir. Se llama «La Imperial», y tiene viajeros y estables.

—Pues no, no la he visto.

—¡Mala suerte!

El ciego volvió a la carga.

—¡Llevo el galán y los dos luceritos de la mañana!
¡Para quién va a ser el gato blanco y negro!

Uno de los amigos del guardia intervino.

—A lo mejor la Trini tiene sitio.

—¡Quita allá! ¡Ah, no se puede llevar a un señor de
fuera! Mire usted, hágame caso; eso es una pocilga y una
cueva de ladrones. La Trini es una tía de mucho cuidado.

El señor de fuera, que se veía ya durmiendo en un
banco del paseo, preguntó tímidamente:

—¿Y alguna otra?

—Sí, ya aparecerá; usted no se preocupe.

El ciego seguía canturreando:

—¡Quién me compra la dama y el niño!

El amigo del guardia tuvo una idea luminosa.

—¿Y en casa del «Granadino»?

—¡Hombre! En casa del «Granadino» va a estar bien este señor. Véngase conmigo, está ahí a la vuelta.

El guardia, sus dos amigos y el señor de fuera echaron a andar. Al pasar por delante del ciego, el guardia le preguntó:

—Padre, ¿quiere usted ya la merienda?

ESTEBAN DUPONT IV, BARBERO

Cuando las tropas de Napoleón se marcharon de España, el caporal de coraceros M. Etienne Dupont, joven natural de Carcassone, le dijo a don Leandro, el cura de Villaespesantes, en la provincia de Lugo:

—Oiga usted, padre cura: yo ya estoy muy harto de ser militar; a mí me gusta más la vida tranquila; eso de andar siempre a golpes no va con mi carácter. Yo soy un honesto barbero que no está hecho para la guerra. Yo amo mucho a España; mi mamá, que en paz descanse, se llamaba Manolita García y era de Logroño. ¿Usted, padre, sabe dónde está Logroño?

—Sí, hijo, en la Rioja. Sigue.

—¡Pobre mamá! Cada vez que mi papá, que era algo violento, le pegaba una patada, se echaba a llorar y empezaba a acordarse de Logroño. Cuando más se acordaba de Logroño era cuando la patada se la daba en el trasero. Esa es una gran humillación, ¿verdad, padre?

—Sí, hijo; la mar de grande. Sigue.

—Pues eso, padre. Ya le digo. Yo, por mí, me quedaba en España. Desertar es una fea acción, sin duda; pero esto de no tener sosiego también lo encuentro mal. El emperador es un gran hombre, yo soy el primero en reconocerlo; pero a mí me parece que es un poco insensato y que va a acabar mal. ¿No cree usted?

—No, hijo; yo no creo nada. Sigue.

—Si yo estuviese seguro de que los vecinos de Villaespesantes no me tiraban a un pozo o no me metían de cabeza en un horno de pan, yo abría una barbería en Villaespesantes y me casaba aquí.

Don Leandro, que tenía más conchas que un galápago, se quedó mirando para el techo.

—Mira, hijo, la costumbre ya sabes cuál es: trinca al gabacho donde te lo encuentres.

—Ya, ya. Eso se lo que más me apesadumbra.

—Ya me hago cargo, hijo; eso es para apesadumbrar a cualquiera. Pero, ¡en fin!, a lo mejor ahora, con esto de que os vais, la gente se hace más razonable, ¡quién sabe!

—¿Usted cree?

Don Leandro no dijo ni que sí ni que no; pero escondió al francés en el desván, y el domingo, en misa mayor, echó un sermón diciendo que había que perdonar, etc.

A los tres meses, Etienne Dupont, que ya se llamaba Esteban Dupont, abrió la barbería de sus sueños y se casó con Rosiña la de Cacabelos, una moza garrida y algo tartamuda que había tenido tres descuidos: Rosiña, Camiliño y Santiaguiño.

Rosiña la de Cacabelos, convertida ya en señora de Dupont, llevó una vida ejemplar, dedicada a fabricar colchones y almohadas de pelo de gallego, y tuvo cinco hijos que todos prosperaron: Esteban, que heredó la bacía; Roque, que sentó plaza; Segundiño, que marchó a La Habana; Salvador, que salió cura, y Rosa, que salió de armas tomar.

Esteban II fue un barbero gris y sin trascendencia; se conoce que el choque de las sangres fue demasiado fuerte y no dio buen resultado. Bobo, lo que se dice bobo, tampoco salió; pero, la verdad, muy listo nunca lo fue.

Esteban II casó con la filla de Raposiño, un contrabandista medio pederasta que había sido sacristán, y el pobre fue tan desgraciado en su matrimonio que, a veces, llegó a tener malos pensamientos y a desearle la muerte a su mujer. Su mujer, que se llamaba Jacobita, se reía de él y, además, le llevaba el pulso.

Esteban II ya no sabía francés y el español no lo aprendió nunca muy bien; pero, aunque timorato, rapaba barbas con cierta maestría y era muy considerado por sus convecinos. Cuando murió, de una tiña que le pegó un

portugués que pasó en mala hora por su barbería, dejó a
la viuda con veinte hijos vivos: Esteban, que aprendió
pronto las artes de la navaja; Santiago, que siguió la carrera de las armas y llegó a sargento en la primera guerra
carlista; Victorino, que cantó misa; Ramonciño, que fue
maestro en el duro oficio de besteiro y que persiguió caballos por los montes; Andrea, que fue ama de cría de dos
hermanos gemelos que los dos llegaron a diputados; Cosme, que puso una tahona en Lugo; Josesiño, que casó con
mujer rica; Rosalía, que abrió una casa de huéspedes en
Santiago de Compostela; Raúl, que emigró y ya no se supo
más de él; Petrita, que se fue monja de clausura; Paco,
que vino a Madrid a llevar pianos, y acabó muriendo de
una cornada en Mondéjar, en una novillada donde actuaba
como matador; Eduardo, que andaba con una tómbola
por las romerías; Marina, que cantaba con donaire y tan
fino como un jilguero; Telmo, ferreiro que hizo fortuna;
Isaías, hermano lego en el convento de frailes benitos de
Osera; Micaela, que fue la mancha de la familia y de la
que más vale no hablar; Lola, que quedó para vestir santos; Antón, al que un mal viento dejó lelo; Saturnino, que
salió aprovechado y pinchó una plaza de recaudador de
contribuciones, y Carolina, que fue niñera de mi tío don
Claudio Andrade, que llegó a gobernador civil, y que fue,
en cierto modo, el orgullo de mi familia, por su rectitud,
por su brillante carrera y por su hermosa barba blanca y
bien peinada.

Esteban III fue un barbero simpático y decidor, que
tuvo mucho trajín de mozo y quedó no del todo bien de
unas fiebres que cogió, él sabría cómo, una noche de San
Juan. Esteban III casó y enviudó pronto, porque su pobre
señora, Esperanza Moire, murió de parto, contra la costumbre del país, al tener su primer hijo.

Esteban Dupont IV, que creció sin eso del calor ma-
ternal, cobró algunas aficiones extrañas y bautizó su barbería con el título de «La Higiénica Moderna de Espesantes».
Esteban Dupont IV aún vive, joven incluso, y de él no se
puede hablar con entera libertad.

VICISITUDES DE UN BARBERO PSICÓLOGO

LA barbería era pequeñita y un tanto destartalada y se llamaba modestamente «La Higiénica». A ambos lados de la puerta estrecha, dos carteles azules rezaban, en letras ocre que había que leer ladeando un poco la cabeza, «Especialidad en corte de pelo a señoritas», el de la izquierda, y «Prontitud y esmero», el de la derecha. Antes, el rótulo de la izquierda decía: «Barbería de señoras y caballeros».

El viejo maestro se llamaba Pascual. Tenía dos oficiales, un hijo llamado Pascual y un sobrino, que quedó huérfano en la niñez, que también se llamaba Pascual. En el pueblo, en vista de eso, a la barbería la llamaban la barbería de los Ugenios. Hay, a veces, razones misteriosas que se escapan a las sagacidades más finas.

En el espejo, hendido por los años, campeaba, aún ayer glorioso, un recorte de periódico, un descolorido y amarillento recorte de periódico de Madrid. En él, una pareja de recién casados sonreía a la posteridad. Las moscas de «La Higiénica» — las desconsideradas moscas de «La Higiénica» — no habían mostrado preferencia alguna por el negro chaquet del novio, y el albo velo de la novia aparecía mancillado y echado a perder.

El maestro explicaba a un forastero que los novios eran amigos suyos.

—Amigos y buenos amigos — decía —. A ella la vi nacer, como quien dice, y a él, ¿qué quiere usted que le diga de él? Mi pobre Genoveva, que en paz descanse, lo crió a sus pechos. Él es hermano de leche de mi Jacinto, el que está en Aviación.

El forastero, hombre extraño, de recia barba por parroquias — sin duda las peores — y mal encarado mirar, oía al maestro como quien oye llover. Cuando el barbero le apuraba la nuez, el forastero le preguntó:

—Oiga, maestro, ¿a usted nunca le han dado ganas de apretar?

—¿Eh?

—Digo ¿que si nunca le han dado ganas de apretar, vamos, de sacar la navaja por la nuca?

—Pues, la verdad, no, señor.

El forastero lo miró con un gesto de profundo desprecio.

—¡Usted es un desdichado!

—Puede...

—Si yo fuese barbero, ya me habría cargado a más de uno.

El barbero hizo como no oír. La historia pierde todos los días gestos impresionantes que el olvido se traga. El barbero, en trance de disimular, no lo hacía, ciertamente, peor que Talleyrand.

—Los dos son buenos chicos. Cuando vienen los meses de verano, siempre arriman por aquí. No faltan ningún año. Él se afeita todas las mañanas, es muy señor. Yo voy hasta el chalet, a eso de las nueve o nueve y media, porque no madruga, ¿sabe usted?, y él sale con una bata verde que parece una lechuga, que me perdone la muestra, no es para faltarle al respeto, ¡bien lo sabe Dios! La señorita, cuando tiene que arreglarse, también me llama a mí. Son muy exigentes con la higiene, tienen sus herramientas que se traen de Madrid. Si usted los conociera ya vería qué gente.

El forastero seguía sin hacerle caso.

—Hay pavos, seguramente, que tienen el gaznate más duro que muchos cristianos, estoy seguro.

El maestro tampoco se daba por aludido.

—Tienen ya un niño que es talmente un sol. Se casaron hace ya tres años.

CLAUDITO, EL ESPANTAPÁJAROS
(NOVELA)

NOTA

POR un error puramente casual, esta novela apareció anunciada, en su primera edición, de una manera distinta a la verdadera. Donde se leía: «Don Abundio y el espantapájaros» debiera haberse leído, como hoy se lee: «Claudito, el Espantapájaros», que es el título originario y primitivo de esta dulce historia de Navidad, concebida para ser comentada al amor de la lumbre.

Don Abundio es un tío de nuestro personaje; pero esta razón no puede considerarse como suficiente para llevar su nombre a la cabecera de este trabajito. Hombre desleal, de pocos amigos, y que no nos inspira ninguna confianza, no queremos contribuir a darle aire, y, a pesar del anuncio, retiramos su nombre del título. Claudito, en cambio, ya es otro cantar. Claudito es un tonto crecido...

CAPÍTULO PRIMERO

Era la Nochebuena. Sobre el paisaje nevado, Claudito, que era un tonto crecido y con cara de mirlo, se dedicaba a pasear, para arriba y para abajo, tocando en su ocarina los tristes, los amargos valses de las fiestas de familia, esas fiestas presididas siempre por el pertinaz recuerdo de aquel hijo muerto en la flor de su juventud.

Claudito, calado hasta los huesos y con una gota color marfil colgada de la nariz, soplaba en su ocarina el *Good night* o el *Vals de las velas*, mientras sus manos, rojas de sabañones, malvolaban sobre los agujeritos por donde salían las notas y el viento.

Detrás de los visillos, Clementina, su viejo y platónico amor, lloraba furtivas lágrimas de compasión.

CAPÍTULO II

Don Abundio Hogdson (esta historia no es española, sino neworleansiana), el padre de Clementina y tío carnal de Claudito, sorprendió el amoroso espiar de la hija.

—Pero, Clementina, ¡a tus años!

—¡Papá!

—¡Sí, hija! Yo soy tu papá, aunque tu abuelito siempre decía que no había más nietos seguros que los hijos de las hijas. ¿Por qué me das estos disgustos? Yo creo, hija mía, que no me merezco este despiadado trato. ¿Por qué no dejas de mirar ya para Claudito?

Clementina suspiró, mientras arreciaba la nevada y el soplar del primo tonto.

—Es que el corazón...

—Sí, Clementina; ya lo sé. Pero dominando los locos raptos del corazón deben prevalecer siempre los convenientes raciocinios del cerebro.

Clementina estaba ahogada por el llanto.

—Ya me hago cargo, papá; pero...

—Pero, ¿qué, hijita? ¿Qué duda puede aún caber en esa cabecita loca?

Don Abundio Hogdson, propietario del restorán «La digestiva Lubina Cuáquera», cambió el tono de su voz:

—Y además, hija, ¿tú no sabes que los hijos de primos — Clementina, con las mejillas arreboladas, bajó la vista —, tú no sabes que los hijos de primos, aunque ninguno de los dos sea tonto, suelen salir algo tontos?

CAPÍTULO III

Mi muy querido e imposible corazón:
Renuncio a ser tuya jamás. Sé bien que esta decisión

me puede acarrear la muerte, pero no me importa: a todo
estoy decidida. Debo sacrificarme y lo hago. No me pidas
que te explique nada: no podría hacerlo. Reza por mí.
Adiós, vida. Adiós, buenas tardes. Que la vida te colme de
dichas. Que seas muy feliz sin mí. Si no soy tuya, te juro
que tampoco seré de nadie. Recuerda siempre a tu des-
graciada,

Clementina

—¡Qué tía! — exclamó Claudito —. ¡Qué cartas escribe! ¡Y parecía tonta!

CAPÍTULO IV

Por el campo cubierto por el blanco sudario de la nieve, etc., Claudito echó a andar en compañía de su ocarina.

Llegado que hubo a una pradera... Vamos, queremos
decir: en cuanto llegó a una pradera se puso en pie, como
una cigüeña, y se dijo: «Los pajarillos del cielo vendrán
a reconfortar mis flacos ánimos.»

Pero los pajarillos del cielo, al verlo, echaron a volar
despavoridos.

—¡Un espantapájaros mecánico! — se decían unos a
otros los pajarillos del New Orleans —. ¡Un espantapájaros
filarmónico!

CAPÍTULO V

Claudito, el Espantapájaros, fue durante unos días el
héroe local de su pueblo.

—Pero, ¡hombre, Claudito! ¿Cómo se te ocurrió ir a
tocarles el *Good night* a los gorriones?

—Pues, ¡ya ves!...

—Pero, ¿y no tenías frío?

—Sí, algo...

—¡Claro, hombre, claro! Oye: nos han dicho que te
cogieron tieso sobre una pata, como las grullas. ¿Es verdad eso?

—Pues sí...

—¿Y por qué te pusiste sobre una pata?

—Pues, ¡ya ves!...

Clementina, en el fondo de su corazón, estaba orgullosa del proceder de Claudito.

Fuera, la nieve caía mansamente.

MOVIETONE DE LOS MAL AVENIDOS

NAPOLEÓN Evangelino López, pensador mulato, autor de unas anotaciones, no excesivamente sagaces, a un texto de Heidegger, tenía una trompa como un piano, una borrachera que no se lamía. En el tugurio de la Place Blanche, esquina a la *rue* Danremont — subiendo de la Place Pigalle, a la derecha —, se respiraba un extraño y nutritivo olor a raza latina. La raza latina, según dicen, hubo un tiempo que rigió los destinos del mundo; verdaderamente, a veces suceden cosas muy extrañas.

En la mesa de Napoleón Evangelino — como le llamábamos los más íntimos —, estábamos sentadas seis personas: tres hombres y tres mujeres. Los hombres éramos el pensador, yo — que por aquellos tiempos cuidaba de los caballos de la *écuyere* señorita Mary Kröne, hija doceava del dueño del famoso circo internacional del mismo nombre — y el barón de Sanserrato de Monte Capiti, joven italiano de ideas disolventes que estaba siempre hablando de porquerías. Yo, en aquella época, no era aún español, sino inglés, y la dueña del figón, pensando en la Entente Cordiale, me dejaba hacer lo que quería y no ponía mala cara si le arreaba una coz a una banqueta, o a un camarero, o al pianista; aquello daba gusto, y uno sentía una gran sensación de poder. Parecía que tenía uno siempre la *Home Fleet* detrás y que en cualquier caso de apuro podía pedir su auxilio.

—Oye, *Hood*, deshaz esta taberna inmunda. *Royal Soverain*, lánzale dos torpedos a esa vieja pegajosa. *Fourious*, defiéndeme. *Indomitable*, ayúdame.

Las tres damas eran tres rusas aburridas, ya mayorcitas, que habían salido muy jóvenes de su país. Se llamaban Olga Ivanovna Kotalskine, Fedora Fedorovna Pipot y Catalina Petrovna Iav, que era una mujer alta, bella y enigmática. Las otras dos, bien mirado, eran dos loros albinos y cargados de bisutería, que no poseían, esa es la verdad, demasiados encantos; además, eran algo pedantes y tenían mal vino, y como para que nos diésemos cuenta de que éramos unos pobres pelados, nos miraban por encima del hombro, llegaron a tenernos algo fastidiados. A mí, como de costumbre, me tocó bailar con una de las más feas, con el loro albino Fedora Fedorovna, y si aguanté toda la noche fue por ayudar a mi amigo Napoleón Evangelino, un buen chico, siempre dispuesto a sacar de apuros a un compañero, aunque el compañero lo fuese nada más que de copeo. En la vida hay que estar siempre a la recíproca.

Estuvimos hablando de Verlaine y bebiendo, como es lógico, pernod, y cuando nos quisimos dar cuenta ya habíamos enganchado la castaña.

Napoleón Evangelino hablaba sin cesar de cuestiones muy serias y trascendentes y con la borrachera se había puesto verde. Los negros, para ponerse pálidos, se ponen verdes.

La rusa Catalina fumaba *murattis* de boquilla dorada y ponía a todo lo que decía el pensador un gesto de mucho interés. Era una chica lista y sabía bien y oportunamente arrimar el ascua a su sardina. Las otras dos bobas no hacían más que alborotar y pegar gritos, y a mí y al barón ya nos estaban cargando.

—Oiga, marinero — me decía el barón, que llamaba marineros a todos los ingleses, mariscales a todos los alemanes, duques a todos los rusos y excelencias a todos los portugueses —, ¿nos vamos y dejamos al negro del cuerno solo con estas grullas?

—Hombre, no me parece bien; este negro es un buen amigo y un chico muy culto, y no como usted y como yo, que somos dos ignorantes con corbatas de ciento cincuenta francos.

El barón, que era fácil de convencer, pronto se volvió atrás.

—Bueno, nos quedaremos. Yo creo que tiene usted razón; este negro es un tío muy profundo; yo creo que hasta es algo filósofo.

—Sí; yo también lo creo. Y, además, es un hombre que siempre tiene en el bolsillo veinticinco francos para gastárselos con un amigo.

—Sí, sí; es mejor que nos quedemos.

Pedimos otro pernod y sacamos a bailar cada uno a nuestra rusa. En la pista no se podía dar ni un paso y teníamos que sujetar con el codo a las otras parejas para que no nos aplastasen. La orquesta estaba tocando un charlestón muy movido y muy bonito que tenía un nombre poético: el charlestón se llamaba «Estoy deseando volver a Kansas City, la ciudad donde conocí a la pelirroja Margaret Jones, la hija del pastor anabaptista». La gente, para abreviar, le llamaba «La pelirroja de Kansas».

Mi rusa y la del otro bailaban mal, lo que se dice mal a conciencia, y no hacían mejor cosa que pisarnos. Yo sufría mucho, porque estrenaba zapatos nuevos y estaba viendo que me los dejaba allí. Fedora Fedorovna, que era la rusa mía, olía a cabras como un condenado, y yo, que fui toda la vida un poco aprensivo, estaba con un miedo horrible de coger unas fiebres de Malta. Siendo yo pequeñito, mi padre cogió unas fiebres de Malta en Barcelona y por poco no sale de ellas; estuvo muy grave.

Cuando volvimos a la mesa, Napoleón Evangelino tenía entre sus manos las manos de Catalina Petrovna. Napoleón Evangelino estaba hablando de Bergson, que era un filósofo muy de moda en París.

—Usted, gentil Catalina Petrovna, ¿conoce la obra de Bergson?

—¡Oh, no, *mon petit!*

—¿De verdad, de verdad?

—¡Oh, sí, de verdad, de verdad!

Napoleón Evangelino tuvo un momento de estupor.

—Pero... ¿Henri Bergson?...

La rusa pidió fuego a un camarero. El local seguía oliendo a raza latina. La orquesta tocaba otra cosa, bastante parecida a la anterior. Las otras dos rusas, la mía y la del barón, se reían como ovejas histéricas. Sobre la Place Blanche, esquina a la *rue* Danremont, caía una lluvia fina, menuda, persistente.

SEBASTIÁN PANADERO, MARCAS Y PATENTES

Sᴇʙᴀsᴛɪᴀ́ɴ Panadero y Sobradillo fue un inventor sin fortuna.

—¡Como Isaac Peral! —decía su viuda—. ¡Que se esforzó en dotar a la patria de un submarino y el submarino acabó de urinario en Cartagena!

Sí; verdaderamente, esto de ser inventor en España es un mal oficio. España es un país muy susceptible, y aquí los inventores se mueren de hambre. El tío con toda la barba que aquí se pase la vida inventando y vuelta a inventar, al final no recoge más que sinsabores y desaires; en esto falla eso de que cada cual recoge lo que siembra.

A Sebastián Panadero y Sobradillo, que en la dorada muestra de su puerta, a pesar de ser inventor, ponía, modestamente, «Marcas y patentes», porque no era hombre a quien gustase el relumbrón y los honores, le vino a pasar, desde bastante pronto, lo que tarde o temprano les pasa a todos los inventores: que los toman por locos y los embroman donde los encuentran, en el café, en los toros, en medio de la calle y hasta en misa.

Eso de meterse con los inventores, bien mirado, es algo que está muy mal, y el cronista (a pesar de que arruinó a su familia, que tenía la fábrica de velas de sebo más importante del Imperio Británico, un inventor, Edison, cuando inventó la luz eléctrica) reconoce que dan grandes muestras de civilización los pueblos que miman a sus inventores o que, cuando menos, no les tiran piedras y cáscaras de sandía.

Pero a los inventores —tal es el caso de Sebastián

Panadero y Sobradillo — les ilumina una fuerza misteriosa e invisible, puede que la vocación, y todo les sale por una friolera.

—¿Qué se cachondean de mis inventos? — decía Panadero —, '¡pues que se cachondeen! ¡Allá ellos! Como dice el refrán, ¡bien se choteará quien se chotee el último!

La breve vida, cincuenta y dos años, de Sebastián Panadero y Sobradillo, puede dividirse en tres grandes etapas: la primera o de la indigencia, la segunda o de la indigestión, y la tercera o de la indignación. La primera fue, sin duda alguna, la más dura, aunque la más dolorosa fuera la tercera; la segunda fue el tiempo de las vacas gordas, que duró todo lo que vivió el caballo blanco de Panadero, el conocido industrial don Obdón Felipe, hombre que protegía a todo el que se le acercaba con algún proyecto razonable.

—Oye, Juanita — le decía Panadero a su señora —, a mí, aquí en confianza, me parece que el don Obdón no es un mirlo blanco, es un pardillo.

—Hombre, pues no sé — le contestaba la Juanita —, a lo mejor está cumpliendo alguna promesa.

—¡Psché! No me parece a mí tipo de promesas. Ya le estoy yo cogiendo manía al don Obdón, ¡qué quieres!

La pobre Juanita, con esto de las manías del marido, vivía con el alma en un hilo.

—Pero, hombre, ¡cómo eres! Don Obdón siempre te está encargando inventos...

—¡Sí!¡ Eso es verdad.

—¿Entonces?

Sebastián Panadero ponía un gesto triste y se callaba.

—No me hagas caso, Juanita. Anda, ven a darme un beso.

El don Obdón había sido, efectivamente, algo así como el hada madrina de Panadero. Desde que lo conoció, siempre que lo encontraba le decía:

—¿Qué tal marcha el inventor?

—¡No tan bien como el industrial!

—¡Vaya, vaya! Repartamos. ¿Me autoriza el inventor a tirarle un chaleco?

—Sí, señor, ¡ya lo creo que le autorizo!

Don Obdón le daba siempre diez o quince duros.

—¿Qué es esto — le decía para hacerle más llevadero el trance — para un hombre que se pasa la vida haciendo inventos?

—Pues nada, don Obdón — le decía Panadero —, una miseria, ya ve usted. Pero por eso no lo deje.

Sebastián Panadero, por encargo de don Obdón, había hecho ya algunos inventos importantes, amén de cientos de chapucillas para pagar menos luz o colarse en los toros o bañarse en el mar desde Villaverde. Los inventos de Panadero podían clasificarse en dos grupos: los inventos teóricos, o descubrimientos, y los inventos prácticos, o industriales.

Entre los primeros merecen especial mención el razonado descubrimiento de la falsedad del número pi, que no es 3,1416, etc., sino 20 a secas, con lo que el problema de la cuadratura del círculo deja ya de serlo, y la serie de argumentos que le condujeron, ¡cómo no!, a la idea del movimiento continuo, idea que plasmó, para que todos los escépticos santostomases pudieran verlo con sus propios ojos, en esos pajaritos de palo o de pasta, sin trampa ni cartón, que se pasan las horas muertas en algunos escaparates de la Gran Vía moviendo el cuello, para arriba y para abajo, delante de un vaso de agua.

—¿Lo veis ahora, gentes de poca fe?

Entre los del segundo grupo, el de los inventos industriales, deben citarse, entre los más importantes, la «hélice reversible», con la cual los aviones pueden volar marcha atrás, evitando choques y atropellos, o desandar lo andado, cuando equivocan la ruta, sin necesidad de perder el tiempo en largos e inútiles viajes, y la «piperita cesárea», producto que, en vez de pesar, despesa, con lo que, además de otras muchas cosas, se puede conseguir que los cojos anden perfectamente a una altura de un palmo, o lo que quieran, del suelo, sin más que colocarse dos bolitas bien calibradas de «piperita cesárea» debajo del sobaco.

Sebastián Panadero, hombre que no daba descanso a la cabeza ni un solo minuto al día, había superado ya la bomba atómica, arma puramente destructiva, y había conseguido los mismos efectos — el aniquilamiento del enemigo — sin su destrucción, sino con su conversión en otras cosas, a elegir entre una gama variada de productos.

—Con la bomba atómica, un general japonés, por ejemplo, se muere. ¿De qué se trata? ¿Realmente de que se muera o, simplemente, de que deje de ser general o hasta, si me apuran, incluso japonés? Yo creo que con que deje de ser general y japonés, basta ya. ¿Por qué, entonces, emperrarse en su destrucción? ¿Por qué emplear la mortífera bomba atómica y no mi útil «petardo transmutador iónico-protónico», que tiene la ventaja de poder convertir a un general japonés en salchichón de Vich, por ejemplo, o en bolsos de plexiglás, o en cortes de traje de entretiempo, o en lo que se quiera? La bomba atómica es un arma anticuada, el producto de la elaboración mental de unos falsos sabios que no conocen los secretos de la unidad de la materia.

Cuando Panadero empezaba a hablar de su petardo, lo mejor era irse y dejarlo solo.

Ahora, desde la muerte de don Obdón, Sebastián Panadero se había vuelto irascible y solitario y ya no inventaba nada. El pobre, cuando algún amigo, dándole una cariñosa palmadita en la espalda, le decía:

—Pero, hombre, Panadero, está usted hecho un vago; ahora ya no inventa usted nada...

Suele responder, a veces rabioso, en ocasiones meditabundo:

—¿Inventos? ¡Está muy mal ahora esto de los inventos ! ¿Qué quiere usted que invente si nadie me encarga nada?

QUIZÁ PASADO MAÑANA

Sí, quizá pasado mañana; yo creo que de pasado mañana no pasa. Papá tiene mucho que hacer, ¿sabes?, los negocios, la Bolsa... Pero mamá ya le dijo: «Roberto, de pasado mañana no pasa; las niñas están achicharraditas.»

Julio, el mes de julio, se derrite sobre el paseo de Recoletos como una lenta cigarra de plomo.

—Es que no se puede respirar, ¿verdad, usted?

—¡Ay, sí, hija, no se puede ni respirar! Nosotros nos vamos pasado mañana; de pasado mañana no pasa. Yo ya se lo dije a Roberto: «¡Roberto, pasado mañana nos largamos a San Sebastián! ¡Las niñas están hechas tres pescadillas!»

—Oiga, ¿y qué le dijo su marido?

—Nada, mi marido no dice casi nunca nada. Mi marido me dijo: «Mujer, tres pescadillas, lo que se suele decir tres pescadillas, las nenas lo son desde que nacieron, no nos engañemos.»

—¡Qué horror! ¿Y usted se lo consintió?

—¡Ay, hija! ¿Yo qué le voy a hacer? Las nenas, miradas con desapasionamiento, sí son tres pescadillas, ¡pobrecitas mías!; pero a mí me gustaría que fueran a veranear a San Sebastián, como las de López, que son unas cursis presumidas, pero que se dan la gran vida.

—¿La gran vida?

—¡Ay, sí, hija, la vida padre!

—¡Vaya, vaya!

Las señoritas de Pérez Montgolfier — Mimí, Fifí y

Lilí, citadas por orden cronológico — son tres pequeños peces relamidos, teñidos y sobrecogidos. Su mamá, que es muy buena, cree que son tres soles.

Las señoritas de Pérez Montgolfier — Lilí, Fifí y Mimí, citadas por orden de éxito entre los pollitos opositores a la carrera diplomática o a la de ingenieros de caminos — son tres avutardas sin decisión, ni emoción, ni posición. ¡Pobrecitas mías, con la buena voluntad que ponen!|

Julio, el mes de julio, se pega a las sillas metálicas del paseo de Recoletos como una fiera capa de resina desconsiderada.

—Mamá, ¿cuándo vamos a San Sebastián?

—Pasado mañana, nena, en el tren Talgo.

—¡Ay, mamá, qué feliz soy! ¿Tú crees que saldremos en «Ecos de Sociedad»?

—Hijita, como el señor que hace los «Ecos de Sociedad» tenga un poco, muy poco de vergüenza, sin duda alguna. Las de Gutiérrez han salido...

—Sí, mamá; pero las de Gutiérrez, todo el mundo lo dice, son unas chicas de suerte, de mucha suerte. Ya ves la mayor, con lo fea y con lo vieja que es, ha sacado novio. ¡Y en cambio yo!...

Mimí puso los ojos en blanco y se pegó una costalada tremenda contra la alfombra, naturalmente, de nudo: una alfombra de setecientas cincuenta pesetas el metro cuadrado, y no como las alfombras de las de · Gutiérrez, que son de moqueta.

—Severina, ¡traiga usted las sales, que a la señorita Mimí le dio un patatús!

Severina, que es de Colmenar de Oreja, en vez de las sales trajo la magnesia.

—¡Las sales, Severina, las sales! ¿Cómo tendré que decirle a usted las cosas?

Fifí, demudada por la emoción, como en las novelas de Pueyo, entró en la estancia. A la estancia, en familia, se le llamaba el comedor.

—¡Ay, mamá! ¿Qué le pasa a mi hermanita?

—Nada, hija, nada, el veraneo...

Julio, el mes de julio, es un mes desconsiderado, que agobia a las familias que se empeñan en salir para San Sebastián pasado mañana.

Lilí, la pequeña, que es igual que un bombón o — como le dijo aquel capitán de Aviación tan guapo, pero tan, ¿cómo diríamos?..., tan bebedor — como un bombón de licor, se sintió estremecer. Su traje de organdí se azaró tanto, que parecía un traje de cretona para tapicería de muebles de jardín.

—¡Ay, mamá! No sé cómo dices eso del veraneo. Nosotras también vamos a veranear, ¿verdad que seguramente saldremos pasado mañana para San Sebastián?

—Sí, hija; yo creo que sí. De aquí a pasado mañana puede ser que tu padre afloje la mosca.

—¡Ay, mamá! ¿Cómo hablas así?

—Nada, hija mía, perdona. Es que tu padre me pone negra.

—¡Ay, mamá!

—Sí, hija, ¡de lo más negra! Las de Gutiérrez llevan ya quince días en San Sebastián, y nosotras, ¡ya ves!, en Recoletos y capeando al temporal con agua de cebada.

Mimí, Fifí y Lilí, por más que le predicaban a su mamá, que se llamaba, ¡qué le vamos a hacer!, doña Filo Trijueque, no conseguían hacer carrera de ella.

—Es que es de otra generación...

—Claro, yo creo que debe ser de eso. Ser de otra generación es algo así como ser de otro país, ¿verdad, Mimí?

—Pues, sí; incluso, peor. Pero es nuestra mamita querida y debemos amarla y respetarla.

—Sí, eso pienso yo; lo malo es que, a veces, no se deja.

Julio, el mes de julio, igual que una gruesa oruga muerta de calor, se pega a las personas que piensan en pasado mañana con una desconsideración sin límite.

—¡Y pensar que las de Gutiérrez se estarán bañando en La Concha!

—¡Sí, hijita, es horrible!

Por la echada persiana verde del comedor — léase de la estancia —, se cuelan los ardorosos rayos del sol de julio, que es un mes mal educado y desprovisto de toda consideración.

Mimí, Fifí y Lilí están desmayaditas, abanicándose con un pay-pay donde, en letras de polvito de plata, se lee: «Mantequerías La Astorgana. Embutidos. Quesos. Coloniales.»

—Mamá, ¿nos vas a llevar esta noche a Recoletos, a respirar?

—Sí, hijas mías; esta noche iremos a Recoletos a pasear y a tomar un poco el fresco.

—Y a San Sebastián, mamita, ¿cuándo nos vamos?

—A San Sebastián nos iremos pasado mañana, hijas mías, pasado mañana sin falta...

Un aire de vaga incertidumbre vuela, torpe como las moscas de julio, del mes de julio, por el comedor — perdón, por la estancia — de las señoritas de Pérez Montgolfier, que, como creemos haber dicho ya, son tres...

Sí, esto ya lo dijimos más arriba.

Hace ya muchos años, un poeta aseguraba que cualquier tiempo pasado fue mejor.

Después del 15 de agosto, en Madrid, vuelve a respirarse casi con facilidad.

Las señoritas de Pérez Montgolfier, después del 15 de agosto, miran al invierno próximo ya con cierto aire de simpatía. El «pasado mañana, quizá» es ya una frase que empieza a olvidarse en su hogar.

El verano pasa — como pasa todo —, y las señoritas de Pérez Montgolfier, que también están empezando a pasar, vuelven sus ojos a los cotidianos itinerarios del otoño, tan conocidos, tan queridos, tan misteriosa y silenciosamente aborrecidos.

Las de Gutiérrez, que, bien mirado, son unas cursis y

unas pretenciosas, han vuelto sin novio de San Sebastián.

Las señoritas de Pérez Montgolfier, mientras vuelven al solitario parchís familiar, sonríen casi, casi, con una sabia y estudiada malicia.

Sí, el mundo rueda. Tenía razón el poeta: cualquier tiempo pasado fue mejor...

LA HORA EXACTA DE ISMAEL LAUREL,
PERITO EN VEREDAS DE SECANO

ISMAEL Laurel, también conocido por Sisebuto Sardina y, algunas veces, por Walter Puig, era un mallorquín cincuentón y soñador; cojitranco y teósofo; torero en sus años verdes y felices, y comerciante peatón a falta de mejores usos, que estuvo casado en primeras nupcias con una negra sudanesa que se llamaba Liberté Lamartine, que olía a pescadilla fresca y que se fue a morir de moquillo en Vitoria el año de la Guerra Civil.

—Las gentes incultas — aseguraba Ismael Laurel — dicen que la hora mala, la hora que eligen las brujas para hacer la pascua al respetable, son las doce de la noche; pero yo puedo afirmar por experiencia que la hora mala, pero mala de verdad, son las cinco menos cuarto de la tarde, las cinco menos cuarto por el sol. A las cinco menos cuarto nací, a las cinco menos cuarto me rompió mi madre dos costillas un día que el vino le dio ruin y sacudidor, a las cinco menos cuarto me desgració el *Toronjito*, a las cinco menos cuarto me cascó la Liberté, que en paz descanse, y a las cinco menos cuarto matrimonié con mi segunda señora, la Claudia, esa que ven ustedes ahí, que la pobre es más bestia que una mula de varas. En fin, ¡para qué seguir! Yo ahora, cada vez que van a dar las cinco menos cuarto, me tapo. ¡Gato escaldado!

—Ya, ya — le respondían los mirones —, ¡cualquiera no se tapa!

A Ismael Laurel, de matador de reses bravas *Cabezón de la Isla II,* lo dejó patoso y derrengado un toro melocotón y capirote, bandanudo, zancajoso y astisucio, llamado por mal nombre *Toronjito,* una tarde, sonando las cinco menos cuarto en el Ayuntamiento, en la plaza de la Constitución de Valdevarnés, en la diócesis de Segovia, a la sombra del monte Carrascosa.

Era en el mes de agosto; hacía un calor sofocante, y el Ismael, atento a espantar las moscas de la sangre, no se dio cuenta de que le limpiaron la cartera donde guardaba sus dieciocho últimos duros que, al volar, le dejaron, amén de recién cojo que ya estaba, más pobre y deslucido que el río Ragamón por Paradiñas.

El Ismael, cuando sanó, anduvo a la busca por los caminos de Castilla, donde por más que se busca casi nunca se encuentra nada, hasta que la Guardia civil, que no es partidaria de los paseantes, le dijo que o se paraba o lo paraba ella. El Ismael, que no era tonto ni en la desgracia, dijo que sí, que bueno, que se paraba, y se instaló en Cebreros, en el valle del Tiétar, donde vivió unos años de randar uvas, varear colchones y cargar pellejos de vino.

En Cebreros, durante una función, fue donde conoció a la Liberté, que estaba arrimada a un zángano que vendía gambas, con la que se casó por la Iglesia, porque el Ismael, aunque algo tarambana, era un caballero de principios.

Con unos ahorros que tenía la Liberté se compró media docena de relojes y se fue de pueblo en pueblo haciendo el artículo, y no, bien mirado, sin suerte.

—¡Al bonito reloj americano marca «Patent»! ¡Construido con los planos de Ching-Chao-Cheng, famoso relojero chino del siglo IV antes de Nuestro Señor Jesucristo! ¡Con segundero y números mágicos visibles en la oscuridad! ¡Con todos los adelantos europeos y americanos! ¡Con cuerda para ocho días y resortes del acero mejor templado! ¡Al bonito reloj de pulsera! ¡Al bonito reloj de bolsillo! ¡Al bonito reloj despertador! ¡Hagan

corro, señoras y señores, y presten atención! ¡Un reloj
sin hora gafe, distinguido público! ¡Un reloj sin hora
fatídica! ¡Un reloj con un dispositivo que hace que de
las cinco menos veinte se salte a las cinco menos diez,
sin pasar por las cinco menos cuarto! ¡Algo asombroso
que ofrezco por muy poco dinero a mis clientes y favore-
cedores! ¡Por muy poco dinero, sí, señores! ¡Por poquí-
simo dinero! ¡Por una verdadera miseria! ¡Es un reloj
que vale veinte duros, respetable público, y con el in-
vento para que no marque las cinco menos cuarto vale lo
menos treinta! ¡Pero yo no pido por él treinta duros,
señoras y señores! ¡Es mi ruina, pero yo quiero que España sea un país culto y que cada español tenga su reloj
para que no ande preguntando la hora a los demás! ¡Yo
no pido treinta duros ni tampoco veintinueve! ¡Es la
catástrofe, pero yo lo hago todo por España! ¡Viva España! ¡Tampoco quiero veintiocho duros, ni veintisiete,
ni veintiséis, ni veinticinco! ¡Si el fabricante se entera me
denuncia por loco! ¡Pero no importa! ¡Con veinticuatro
duros aún sobra dinero! ¡Y con veintitrés! ¡Y con veintidós! ¡Y con veintiuno! ¡Y con cien pesetas! ¡Y con
setenta y cinco! ¡Y con cincuenta! ¡Si ustedes lo cuentan nadie se lo cree! ¡De veinticinco pesetas, señoras y
señores, aún les tendría que dar las vueltas! ¡Tampoco
quiero por ellos tres duros! ¡Ni cuarenta reales, señores!
¡Ni treinta y seis! ¡Ni treinta y dos! ¡Ni veintiocho! ¡Ni
veinticuatro siquiera! ¡Que por ellos quiero un durito,
señores, un modesto durito! ¡Y nada más! ¡Vale más
dinero vendido como chatarra!

El Ismael Laurel, con su pregón, vendía a veces algún
reloj a los zagales enamorados que no habían entrado
en quintas.

El tonto de Piedrahita, el tío Demetrio, alias *Chiboli*,
coleccionista de petacas y sacristán honorario, le compraba también uno todos los años.

—¿Y usted vive, señor Laurel?

—¡Psché! Por ahora no me he muerto.

En la plaza de Villatoro, al pie de la carretera, Ismael

Laurel, jinete en un verraco ibérico, pregona, sobre cuatro mil años de historia, sus relojes de a duro.

El sol, ese viejo y tolerante compadre de todos los peritos en duras y polvorientas veredas de secano, le escucha, desde su alto nido, casi sonriente, casi condescendiente, casi clemente.

INDEPENDENCIA TRIJUEQUE, GORDA II, SEÑORITA TORERA

L A especialidad de Gorda II era matar. Gorda II era más bruta que su padre y, como enganchase una entera, cosa bastante frecuente, dejaba al toro lo que se dice sequito.

Gorda II se llamaba Independencia porque su padre, don Filemón Trijueque, que era republicano, no le quiso poner ningún nombre de santa.

—A la niña — dijo don Filemón a su señora, recién parida — le pondremos: o Primavera, o Salubridad, o Independencia, te dejo elegir.

Doña Leonor Sansón, que la pobre era muy redicha y de un cursi que preocupaba, respondió:

—¡Ay, Trijueque! Ponle Independencia, en recuerdo de la gloriosa gesta popular.

Doña Leonor Sansón llamaba siempre Trijueque a su marido.

A Independencia le entraron las aficiones taurinas muy de niña. A los ocho años ya toreaba a su padre, que se quitaba la levita y el reloj para estar más ágil. La niña pronto aprendió términos taurinos.

—No, papá; si no te arrancas por derecho, no vale.

—Bueno, hijita, lo que tú quieras; a ver si ahora me sale mejor.

Don Filemón, a fuerza de insistir, llegó a embestir con cierta maestría. Algunos pequeños defectillos de estilo los fue corrigiendo poco a poco.

—Yo creo que va a ser esto el porvenir de la niña —le decía don Filemón a su señora—; la Independencia es valiente y tiene buen estilo; lo que le falta es un poco de ensayo con ganado de verdad.

—Claro, claro—le respondía doña Leonor—. Un señor, por muy buena voluntad que ponga, nunca llega a embestir como un choto.

El debut de Gorda II fue muy memorable. La joven hizo su presentación en Hoyo de Pinares, un pueblecito que queda a la derecha, en la carretera que va de Navalperal a Cebreros, y que tiene la plaza en cuesta, algo así, sólo que más pequeña, como la plaza de Santo Domingo. La Independencia no estuvo la pobre lo que se dice muy afortunada, y el público, que no tiene compasión, le dijo cosas tremendas, cosas que no se pueden repetir.

Gorda II, que tenía mucho coraje, le hizo un corte de mangas al tendido, y entonces, como si les hubieran puesto a todos un petardo en el recto, se armó la de Dios.

—¡Achántate, Gorda, y no seas bestia!—le decía Romualdo el Chiva, su representante y mozo de estoques—. Al respetable hay que tratarlo bien, que para eso paga.

—Lo trato como me da la gana—respondió rabiosa la Independencia—; estos tíos me tragan a mí por riñones.

El toro, colorao, corniveleto, con ocho años a los lomos, y feo, grande y destartalado como una mula, se fue vivo a los corrales y la Guardia civil lo fusiló.

La Gorda se metió en la fonda, y a la puerta tuvieron que poner al alguacil con un palo en la mano, para que no la deslomasen.

—¡A esa tía la vamos a hacer escabeche!—rugía la multitud—. ¡Le va a tomar el pelo a los de su pueblo!

Gorda II, echada sobre la cama, escuchaba en silencio lo que querían decirle.

—¡Pero hombre, Gorda!—le decía el Chiva—: ¿qué te ha pasado?

La Gorda ni contestaba.

—No debes ser tan impulsiva; los artistas tienen que dominarse. A la gente no le gusta que la tomen a choteo. Cachondearse del público es algo que se paga muy caro.

Gorda II se dio la vuelta y se echó a llorar.

—¡Pero mujer, Independencia!, ¿qué te pasa? ¿Por qué te pones así?

Gorda II, deshecha en llanto, no contestaba. El Chiva encendió un pitillo y se dijo a media voz:

—En fin: el eterno femenino.

El Chiva era un filósofo muy fino.

RECUERDO DE MONCHA FERNÁNDEZ, PIRATA DEL MAR CARIBE

Los tumultuosos amores de mi hermanastro David Jàcobsen con la bella mulata Moncha Fernández acabaron como el rosario de la aurora. No podía haber sido de otra manera — decía nuestra común tía Margarita —, dado lo opuesto de sus caracteres y las licenciosas maneras de Moncha. (La tía Margarita, que tenía cierta manga ancha, llamaba licenciosas costumbres a dedicarse a la piratería.)

El pobre David, a quien siempre quise mucho, aunque probablemente menos de lo que se merecía — porque era muy bueno y muy caritativo —, era por entonces un capitán de cargo, sentimental, bisojo y enamoradizo, que a través de sus pacientes singladuras silbaba en su ocarina valses ingleses — tristes y amables como los sinceros amores bajo la lluvia — sentado en el banquetín de popa de su goleta, *Clarita II,* que iba pintada de verde y de blanco.

Después de su malhadada aventura, mi hermanastro David, desengañado de todo aquello que le había llenado la cabeza de viento y de ilusión, se metió hermano marista y cascó en China, en la extensa provincia de Sing-Kiang, a manos de una banda de facinerosos que capitaneaba un sujeto llamado Fidel Panadero, natural de Lalín, provincia de Pontevedra, que se había quedado amarillo a causa de tener destempladas las asaduras y el bofe.

El Fidel Panadero (en chino Fing-Pang) era un truchimán de tomo y lomo que había estado de mancebo en la botica de don Rosario, el boticario de Tuy, que tenía en su escaparate una lombriz inmensa metida en un frasco con un letrerito bien perfilado que decía: «Tenia solium expulsada por el señor catedrático de la asignatura».

Pero dejemos esto, que es una larga historia que quizás algún día contemos, y vayamos a lo que íbamos.

Una cálida mañana tropical, navegando cerca de la Trinidad, David Jacobsen dejó súbitamente de soplar en su ocarina. A treinta yardas por la parte de proa un cañonazo había levantado una tromba de agua. La señal era clara y terminante, como todas las del Código de Señales: o paras o te hundo. David ordenó arriar velas y la *Clarita II* quedó al pairo esperando la llegada de un airoso bergantín que navegaba, majestuoso, con todas las velas al aire y la negra bandera enarbolada.

Cuando el bergantín dejó ver su facha, David exclamó: «¡Ya está ahí Moncha!» Efectivamente, el bergantín era el temible *Hermanos Paco y Dorita,* que mandaba la sanguinaria Moncha Fernández, pirata del mar Caribe.

Llegó el abordaje, y Moncha, vestida con traje clarito, saltó a la goleta seguida de sus leales. David se presentó y le dijo: «Señora Moncha, otra vez soy vuestro prisionero; recordad que la última vez que nos vimos, en aguas de las Bahamas, me dijisteis que si volvíamos a encontrarnos echaríais a cara o cruz si me colgabais del palo de mesana o si me otorgabais vuestra mano en matrimonio; aquí os ofrezco la moneda que decidirá mi porvenir: o muerto o pirata consorte». Moncha Fernández clavó sus profundos y soñadores ojos negros en mi hermanastro David y le dijo: «Capitán, tirad vos mismo la moneda; vuestra suerte es vuestra y a vos tan sólo compete el jugarla.» David tiró la moneda al aire, que después rodó unos palmos sobre la cubierta de la *Clarita II.* Moncha se agachó a coger la moneda: «Capitán, han salido caras; soy vuestra humilde sierva; coged mi mano y disponed de mí, de mis hombres y de mi viejo *Hermanos*

Paco y Dorita, con todos sus enseres, víveres, trebejos y munición.» David sonrió y dijo: «Gracias, gracias...»

Moncha y David casaron en Maracaibo, en la capilla de los padres paúles, y pasaron su luna de miel en la mar, persiguiendo pataches y ahorcando capitanes pobres. Pero aquella vida no iba a los sentimientos de David, y David un día se lo dijo a Moncha: «Mira, Moncha, a mí esto de colgar compañeros me da reparo, te lo aseguro.» Moncha se puso rabiosa, ordenó que le dieran cincuenta azotes y lo desembarcó en el islote Tapanimba con un rifle y dos cananas de munición, una caja de galletas y un barril de agua potable. «Renuncio al amor — exclamó Moncha —, mi corazón nació para la soledad.» A David, al oir estas palabras, se le humedecieron sus ojos azul celeste.

El pobre David se pasó lo menos quince días haciendo el Robinsón en el islote Tapanimba, hasta que fue rescatado por un remolcador holandés que iba a Curaçao y que vio la columna de humo de la permanente hoguera de la esperanza que encendiera David.

¡Qué horror! En mi casa aún temblamos cuando alguien recuerda a Moncha Fernández...

PURIFICACIÓN DE SANCHA Y GUASP,
PEDICURA-MANICURA

LA señorita Purificación de Sancha Guasp, alias *Tortilla*, de cuarenta y tres años de edad, soltera, natural de Sacedón (Guadalajara) y de profesión auxiliar de Medicina y Cirugía menor, y pedicura-manicura, está en la cama con unas fiebres veraniego-intestinales que la tienen baldada. ¡Hay que ver lo que desmejoran estas fiebres! En menos de lo que se piensa le dejan a uno hecho unos zorros, sin ánimo para nada.

A su casa, a eso de la caída de la tarde, vamos un grupo de amigos a hacerle tertulia, y ella, que es una mujer muy culta, que habla muy bien el francés y el alemán y que, además, ha viajado mucho, nos explica la Kominform, o el plan Marshall, o lo de Jerusalén. Nosotros la escuchamos embobados, y después, en el café, repetimos lo que habíamos oído para darnos postín.

La señorita Purificación vive en la calle de Campomanes, detrás del Circo, en una casa antigua, un poco destartalada, pero muy bien puesta y llena de espejos, de cornucopias, de bargueños, de retratos al óleo de generales en uniforme de gala y de miniaturas que representaban jóvenes antiguas vestidas de raso o de terciopelo. Estos muebles y estos adornos, según dice don Ventura, un señor muy peripuesto que es el decano de la tertulia, tenían todos ellos el mérito de la autenticidad. El mérito de la autenticidad, por lo visto, es algo que va muy con las cornucopias, los espejos, las miniaturas, etc.

La casa donde vive la señorita Purificación no es suya, aunque, para el caso, es como si lo fuese. La casa es de doña Hortensia de la Calle, una mujer viuda, sin hijos, muy dengue y sentimental, que se pasa el día oliendo flores y suspirando. Doña Hortensia, que es sola en el mundo, había cogido mucho cariño a la señorita Purificación, y ésta, que tiene más conchas que un galápago y un carácter de pistón y cuello vuelto, la traía por la calle de la amargura y no hacía más que pegarle voces y hasta, según decían algunas vecinas dedicadas a la murmuración, también tortas y patadas algunas veces. Esto no lo podemos asegurar, porque no lo hemos visto; pero la verdad es que no nos extrañaría nada que fuese cierto. La señorita Purificación, que tiene un bigote como un carabinero, no parece tener muy buenos sentimientos, y en cambio, doña Hortensia, sonrosada y algo romántica, es buena, cursi y soñadora como una sensitiva o unas palabritas de apertura de curso. En fin, ¡allá ellas! Lo cierto es que la señorita Purificación, a nosotros, los amigos de la tertulia, nos trata muy bien y siempre nos invita a algo, y, después de todo, lo que pasase entre ellas es cosa que no debe importarnos. Angelito, otro de los contertulios, un empleado de los Sindicatos, que se las da de muy chistoso y que es ex cautivo, suele decir que la curiosidad y la cerámica son las madres de todos los vicios.

La señorita Purificación, cuando estaba buena, solía obsequiarnos con jerez y pastas los días señalados — su santo, su cumpleaños, el aniversario de su instalación en casa de doña Hortensia (la toma de la Bastilla, como decía Angelito), etc. —, y a vino blanco con almendras y a veces aceitunas los días corrientes, los días de diario. Ahora, como está enferma, nos tiene a todos a yogur, que no es que esté malo, pero que resulta, ¿cómo diríamos?, un poco medicinal. Nosotros nos callamos y no decimos nada por dos razones, mejor dicho, por tres: porque nadie nos obliga, esa es la verdad, a ir a la tertulia; porque ella, para eso está en su casa, nos invita a lo que le da la gana, y muy agradecidos, y porque, según don Ventura, el olor

del vino, a lo mejor, le da alergia, lo que siempre sería
una nueva complicación, y ella no está como para que nos
andemos con bromas.

Los fijos de la tertulia — hay otros que van sólo de
tarde en tarde — somos cinco, y ellas dos, siete. Ellas se
sientan en un sofá pequeñito — la señorita Purificación
fumando emboquillados que le compra a Mantas, el ceri-
llero de La Elipa, y doña Hortensia haciendo ganchillo —
y nosotros nos sentamos alrededor, siempre en el mismo
sitio. Nosotros cinco somos: don Ventura, Angelito, yo,
el señorito Julián y Fidel Garrote. El señorito Julián es
de familia noble, y, según dice, no lleva el título de marqués de Galapagar porque aprovechándose de que él era
pequeño se lo robó una tía suya que tenía una tienda de
confecciones en la calle de Atocha.

—Así está el mundo — solía exclamar el señorito Julián, poniendo los ojos en blanco —, ¡una tendera convertida en marquesa de Galapagar! ¡Qué desbarajuste!

Fidel Garrote, en cambio, era de origen plebeyo, aunque muy buena persona. Es fontanero, pero los domingos los aprovecha para sacarse un jornal, porque está cargado de hijos; por los veranos está los domingos de aco-
modador en la Chata, la plaza de toros de los Caraban-
cheles, y por los inviernos vende bombillas y clavos en el
Rastro. El Fidel Garrote es muy apañado y muy buen
padre y anda siempre diciendo que quiere que sus hijos
sean ingenieros de Caminos. Los hijos, mientras les llega
la hora de ser ingenieros, se dedican a buscar taxis, y la
madre está encantada, porque se traen para casa un jornalito muy saneado de cuatro o cinco duros cada uno.

En la tertulia de la señorita Purificación — como creo
que ya se dijo — es ella la que lleva la voz cantante, y
aunque a veces quieren meter baza don Ventura y Angelito, en seguida se echa de ver que a ella no le gusta. El
señorito Julián, el Fidel y yo — hay que ser sinceros —, y
ni que decir tiene, doña Hortensia, no nos atrevemos ni
a rechistar, y no hacemos más que comer almendras y
decir que sí con la cabeza.

Estos días la señorita Purificación está enferma, incluso, ¡quién sabe!, si de gravedad, y la tertulia la hacemos en la alcoba, sentados a su alrededor, unos en la cama y otros en dos butaquitas bajas — calzadoras, les llama ella — forradas de una indiana de rayas y de flores grandes, muy bonitas.

El médico dice, cuando viene a verla, que con estas cosas hay que andarse siempre con mucho cuidado y que todas las precauciones son pocas. Doña Hortensia está muy preocupada y no hace más que ponerle el termómetro y darle la bata y las zapatillas para que vaya al cuarto de baño. A cada momento le está diciendo:

— ¡Ay, Purita, Purita; no la diñes!

Y la señorita Purificación, con bastante cara de vinagre, le responde de muy malos modos:

— ¡Cállate, leñe! ¡Aún estoy muy lejos de diñarla!

Nosotros, los de la tertulia, respetuosos con la enfermedad y con el dolor, miramos por el balcón abierto a la casa de enfrente. La casa de enfrente tiene siete pisos: en el entresuelo, una señora riega sus tiestos de geranios y de albahaca; en el principal, un joven lee un libro poniendo los pies encima de la mesa; en el primero, se peina una mocita; en el segundo, están probando un pantalón a un niño; en el tercero, hay una mujer enferma en la cama, con cara de tristeza, y un racimo de niñas silenciosas en el balcón; en la buhardilla, un hombre con melena de artista pone a secar una camisa sobre el tejado. Es graciosa la casa de enfrente.

LA CASA DE ENFRENTE

A la señorita Purificación de Sancha y Guasp, alias *Tortilla,* le dimos tierra a los pocos días. El sepelio fue muy emocionante; a esto de los sepelios les pasa como a los desfiles militares, que son siempre muy emocionantes. Si el muerto que entierran es de la familia o el ejército que desfila es el de la Patria de uno, la emoción es aún mayor: miel sobre hojuelas; pero aunque el muerto sea un muerto desconocido o el ejército sea el de otro país, la cosa, aunque menos, también resulta emocionante.

En el cementerio del Este hacía un sol de justicia. Los enterradores sudaban como condenados y los de la comitiva también estábamos buenos; a la salida tuvimos que pedir que nos dejara beber de su botijo — un botijo pálido, largo y flaquito como un muerto — al tío que está a la puerta cobrando dos pesetas a los taxis.

En las Ventas nos paramos a tomar unas cañas y después nos fuimos a la calle de Campomanes, a hacer un poco de tertulia a doña Hortensia, a ver si le levantábamos algo el ánimo. La pobre doña Hortensia estaba hecha un mar de lágrimas.

—Miren, miren, le he hecho un verso.

La cosa nos cogió un poco de sorpresa.

—¿A quién?... — preguntó Angelito.

—A ella...

—¡Ah!

A mí se me ocurrió que, seguramente, a doña Hortensia le quedaba algo de vino o, por lo menos, algún yogur, pero no me pareció prudente andarme con esos materialismos. Lo mejor sería, pensé, dejar que doña Hortensia nos dijera el verso; a lo mejor después reaccionaba y nos daba algo.

Doña Hortensia nos miró a todos.

—¿Lo digo?

En seguida se echaba de ver que estaba presa de un dolor sincero.

—Bueno, dígalo usted.

Doña Hortensia se secó las lágrimas y se levantó.

—Verán:

> *Ya te has marchado, Purita,*
> *camino del más allá.*
> *Ya me has dejado contrita*
> *en este valle de lágrimas.*
> *¡Ay, qué dolor, palomita!*
> *Purita de Sancha y Guasp.*

—Muy emocionante.

—Muy sentido.

—Eso: muy sentido.

—Sí, sí, muy sentido.

—Ya lo creo, la mar de sentido.

Siguieron unos instantes de silencio.

—Voy a buscar alguna cosilla.

Todos nos miramos sin decir ni palabra. Hacía calor, un calor sofocante que no dejaba casi respirar. Una criada cantaba, desde cualquier ventana, el cantar titulado «Quién te puso Salvaora», un cantar muy bonito y muy popular; su voz no era muy fina, pero la chica lo hacía con muy buena voluntad y poniendo sus cinco sentidos, sobre todo en los finales, que los hacía con altos y bajos, y tan largos que casi se quedaba sin aliento.

Por el balcón abierto se veía la casa de enfrente. En el entresuelo, una señora se abanicaba con un pay-pay; pocos días antes estuvo regando sus tiestos de geranios y de albahaca. La señora tenía todo el aire de una actriz del género chico retirada. Según me enteré después, no era una actriz del género chico retirada, sino la vtuda de un médico forense que se hizo muy famoso con unas sesiones que dio de espiritismo.

En el principal, el joven que leía un libro poniendo los pies encima de la mesa, estaba ahora haciendo escalas en un bombardino. El muchacho tenía escrito un artículo largo, lo que se suele llamar un folletón, titulado «Reivindicación del bombardino. Notas para una historia de los instrumentos». El título era algo pedante, pero el artículo, esa es la verdad, estaba bastante bien. Había hecho varias copias a máquina — con el título y la primera línea que decía: «Hora es ya de que este tan noble y antiguo cuan vejado instrumento», en color rojo — y las había mandado a los directores de los periódicos, pero, por ahora, no iba teniendo suerte, no se lo habían publicado.

—A la gente le duele oír las verdades del barquero — solía decir el mozo del bombardino —; no me extraña que no quieran publicar mi artículo. Este mundo de la música es como una masonería. El que no sea amigo del P. Otaño está perdido, no tiene nada que hacer.

La chavalita del primero estaba asomada al balcón, muy repeinada. El balcón del primero tiene una persiana atada a los hierros, por la parte de abajo, para que las mujeres puedan asomarse con toda tranquilidad.

En el segundo, dos mujeres probaban una blusa a un niño con pantalón nuevo. El niño tenía todo el aire de estar enfurecido, harto ya de que le probaran cosas. Una de las mujeres estaba de pie, mandando; la otra, de rodillas, obedeciendo y poniendo al niño alfileres por los hombros y por las mangas, alfileres que se sacaba de la boca.

En el tercero seguía la cosa lo mismo. La mujer enferma no estaba más pálida y el racimo de niñas del balcón, tampoco estaba más triste. Un vaho de hambre llena de calor y ahíta de bacilos se escapaba, Dios sabrá a dónde, por el balcón del tercero.

El hombre con melena de artista de la buhardilla estaba sentado sobre las tejas, con los pies metidos en un puchero grande, un fajo de cuartillas en la mano y un lápiz entre los labios. Según pude averiguar, el hombre de la buhardilla era un poeta que hacía poesías modernas y que se llamaba Trifón Riñón, aunque firmaba sus composiciones con el nombre, menos de guardia civil retirado, de Edelmiro de la Rosa. A veces publicaba alguna cosa en una revista de minorías que se llamaba *Pomo* y se subtitulaba «De las Letras y de las Artes». Edelmiro era el autor de una poesía, de mucho mérito según decían, llamada «Hipocampo impúber», que empezaba así:

> *¿Conque hipocampo, eh? ¿Conque hipocampo?*
> *Retumba en el mundo. Bombín. Podredumbre.*
> *Etcétera.*

Encima de la buhardilla ya no había nada más. Trifón Riñón, que no sabía, era feliz pensándolo, con los pies metidos en el puchero grande.

Por el pasaje de la Alhambra se metía un ciego chillando los veinte, los treinta y los cuarenta iguales.

En fin...

UN INVENTO DEL JOVEN DEL PRINCIPAL

EL joven del principal era un virtuoso del bombardino. La verídica historia que vamos a narrar aquí no es, sin embargo, la de sus aficiones musicales, que muy bien pueden quedar para más propicia ocasión, sino la de sus aficiones a la mecánica, que hora es ya de que comiencen a ser reivindicadas.

Baltasar Ruibarbo, el joven citado, había venido mostrando, desde su más tierna infancia, una inclinación evidente hacia los inventos.

—Invéntame una cafetera exprés — le dijo su tía Filo Pérez, no teniendo nuestro hombre más de doce o trece años —. Una cafetera en forma de locomotora y que eche el sabroso néctar por debajo del ténder.

—Lo que usted guste, tía. Ya sabe usted que no tiene más que pedir por esa boca.

—Gracias, hijo. ¡Eres un sol!

Filo Pérez, cuando su sobrino Baltasar Ruibarbo, que se pasó las noches de claro en claro hasta dar fin a su obra, le entregó la locomotora, que echaba café por detrás, invitó a unas amigas a merendar.

—Ya veréis qué cafetera. Es la monda, es el *dernier cri* en cafeteras.

—¡A ver, a ver!

Filo Pérez instaló su cafetera encima de una bandeja de latón.

—Pero ¡si es un tren! — dijo su amiga Candelaria Espinosa —. Pero ¡si es una máquina del tren!

—Tú lo has dicho — sentenció Filo Pérez —: una auténtica máquina de tren en miniatura.

Las amigas rodearon a la cafetera con entusiasmo.

—¿Y por dónde echa el café?

—Por detrás.

—¿Como si fuera a poner un huevo?

—Eso es: como si fuera a poner un huevo.

—Pero, mujer, ¡qué ocurrencia!

Las amigas de Filo Pérez, que eran todas ellas unas señoras muy finas, no hicieron comentarios, y la cosa se deslizó bastante bien. Lo malo fue cuando empezaron a pasar por la casa gentes de más confianza o de menos escrúpulos, que todas, como si se hubieran puesto de acuerdo, opinaban, sin que nadie les preguntase nada, sobre la cafetera.

—Oiga usted, Filo: ¿le ponemos el orinalito a la cafetera? — llegaron a decirle un día.

La pobre Filo Pérez, acongojada por las opiniones que suscitaba su cafetera, llamó un día a su sobrino Baltasar y le dijo:

—Mira, niño: la gente es inculta, ya sabes tú, y se ríen de nuestra cafetera.

—¡Anda! ¿Y por qué se ríen?

—Pues ya ves... Dicen que si la cafetera parece que está haciendo aguas.

—¡Vaya por Dios! ¡No había caído yo en eso! ¿Y dicen todos lo mismo?

—No, hijo; no dicen todos lo mismo. Unos dicen que talmente está haciendo aguas menores, y otros, más soeces, dicen que no, que lo que parece es que está haciendo aguas mayores.

—¡Qué horror!

—Sí, Baltasarcín, ¡qué horror! Y, además, ¡lo dicen de una forma tan... directa, tan sin circunloquios!

Baltasar Ruibarbo estaba transido de dolor.

—¿Y qué quiere usted que hagamos?

—Pues, chico, yo no sé. Yo creo que lo mejor es desarmarla. ¿No podrías convertírmela en un despertador?

—No sé. Me parece que convertir una cafetera exprés en un despertador debe ser muy difícil.

Filo Pérez fruncía el entrecejo con preocupación.

—Ya me hago cargo. ¿Y en una plancha de carbón de encina?

—Sí, en una plancha de carbón de encina, sí. Eso es más fácil.

El joven Baltasar Ruibarbo puso manos a la obra, y al cabo de quince o veinte días fue a visitar a su tía Filo Pérez con la plancha de carbón de encina envuelta en un periódico.

—¡Hola, tía! Aquí le traigo la planchita. Ya la he probado y funciona muy bien.

Baltasar Ruibarbo desempaquetó la plancha.

—¡Es una monada, sobrinito; una verdadera monada! Ahora te daré una peseta.

—Muchas gracias, tía; no tiene por qué molestarse.

Filo Pérez empezó a darle vueltas a la plancha.

—¡Monísima, monísima!

—Y, además, práctica, tía; tiene una caldera de mucha capacidad.

Filo Pérez estaba radiante.

—¡Miel sobre hojuelas, Baltasar; miel sobre hojuelas!

De pronto, como en un mal presentimiento, cruzó por la mente de Filo Pérez una idea siniestra, desalentadora.

—Oye, Baltasar, hijo: ¿por dónde sale el humo? — preguntó con voz trémula.

El joven Baltasar Ruibarbo se dio cuenta y creyó desfallecer.

—Por detrás, tía, por detrás — respondió con un hilo de voz —. He tenido que aprovechar el tubito de la cafetera...

La tía y el sobrino estuvieron una hora larga en silencio, cabizbajos, abatidos, como bajo el peso de una pena profunda.

La primera en reaccionar fue tía Filo.

—Bueno, hijo, gracias de todos modos. Gracias, a pesar de lo del humo por detrás. Ya le diré a la criada que no se la enseñe a las visitas. ¡Sería el colmo que también nos gafasen la plancha con sus comentarios! ¿Verdad, Baltasar?

—Sí, tía Filo; ¡sería el colmo!

LA LATA DE GALLETAS DEL CHIRLERÍN
MARCIAL, RANDA DE PARLOS

Marcial Poyatos Expósito, alias *Chocolate*, natural de Caracuel, provincia de Ciudad Real, de diecisiete años de edad, hijo de Marcial y de Filomena, rubito, canijo y chuchumeco, saltó las tapias del cementerio de La Haba, entre Magacela y Don Benito, igual que un gris chiricló al que espanta un petardo.

Al llegar al olivar de Matías, los civiles le dieron el alto.

—¡Eh, muchacho! ¿A dónde vas?

El *Chocolate*, que era mozo avispado, les respondió:

—Pues ya ven ustedes, señores guardias; a Don Benito a buscar una medicina para la vieja, que está con un paralís.

En el olivar de Matías, al fondo de una barranca que hay al pie del arroyo del campo, el *Chocolate* guardaba su nido de parlos de tratante, gordos, relucientes y latidores como los pavos por la Navidad.

El *Chocolate* empezó la busca de parlos como azorero de su padre, Marcial Poyatos Minglanilla, alias *Greno*, a quien ensartó el rayo una noche que, huyendo de los churrés, se fueron a guarecer en unas cuevas que hay entre Fuente Palmera y Cañada del Rosal, casi entrando en Ochavillo del Río. Desde entonces el *Chocolate*, a pesar de sus pocos años, se había instalado por su cuenta pensando, quizá, que padre no hay más que uno.

—Pues anda allá y no te demores, que aún tienes una tirada.

El *Chocolate,* al llegar a su carcavón, se echó al suelo para dar tiempo al tiempo y distancia a los tricornios. Después, cuando calculó que los civiles andaban ya lejos y entretenidos, levantó la piedra que tapaba el mausín, se lió a dar cuerda a los parlos, porque es de ley que si no marchan se oxidan y se echan a perder, los envolvió otra vez, uno por uno, los metió de nuevo en su lata de galletas, se soltó los cordones de los tirajays, para descansar mejor, y se puso a dormir como las liebres, con un cliso abierto y el otro entornado, por si las moscas.

La colección de parlos del *Chocolate* no era muy grande, aunque sí variada. La colección, bien mirado, tampoco podía crecer mucho porque el *Chocolate,* cuando venía, como una nube de bendición, el tiempo de las ferias, liquidaba las existencias y dejaba su lata más vacía que andorga de cómico en Cuaresma.

—Por mi gusto — solía decirse el *Chocolate* — yo no sacaba un parlo de la lata aunque me lo pidieran de rodillas. Si pudiera vivir de otra cosa, a estas horas tendría ya más de cien parlos achantados. Pero el hambre no se mata con razones.

El *Chocolate* era un filósofo resignado, conspicuo y previsor, que no vaciaba la lata más que cuando el hambre apretaba, como un corsé, los más ocultos recovecos del alma.

El *Chocolate,* de haber nacido rico y como Dios manda, hubiera llamado relojes a los parlos y hubiera sido coleccionista en vez de chirlerín. Pero el inmenso reloj, el enorme lorampio que gobierna los mundos, cuenta los siglos y dirige las almas, las voluntades y los corazones, estaba en la hora mala cuando el *Chocolate,* como una ardilla aterida de frío, empezó a respirar en el chozo de Caracuel. En fin...

El *Chocolate,* abrazado a su arca de los tesoros, a su lata de galletas, estaba soñando con inmensas y bien dibujadas constelaciones de parlos exactos y rutilantes, cuando sintió que le sacudían:

—¡Arriba, galán!

—¿Eh?

—¡Que te levantes, que no vas a llegar a tiempo con la medicina!

Sobre el olivar se columpiaba una luna impasible y hermosa. Sobre la luna, como dos vencejos, se balanceaban los mostachos de los dos civiles.

—¿Qué llevas en esa lata?

El *Chocolate*, temblando como una vara verde, sintió que un nudo se le posaba en la garganta.

—Pues..., ya ve usted..., nada...

—A ver, abre la lata.

El *Chocolate* se sintió hombre por primera vez en su vida.

—No, señor. ¡Ábrala usted!

La lechuza silbó distinto — quizá más ronca — que las otras noches.

En la cárcel de Don Benito, el *Chocolate*, como un capitán corsario, pensaba en su riqueza perdida.

—Esto es lo del camarón que me decía mi padre. A mí no me llevó la corriente; a mí me llevaron los civiles, que es peor. ¡Si por lo menos me hubieran dejado la lata!

Justo Corral Rento, alias *Charandel*, hombre sesentón, cuatrero y leridano, le dijo un día en el patio:

—¿Y tú qué guardabas en la lata?

Y el *Chocolate*, que ya se iba afinando, le respondió:

—Parlos, mi señor don Justo; relojes de oro, y de plata, y de hierro. Ya sé que son más fáciles de guardar que los caballos y las mulas; pero... ¡qué quiere usted! Cuando las cosas vienen mal dadas...

Charandel no respondió. Se atusó su cumplido bigote de alabardero y estuvo un rato en silencio.

Después puso la mano en el hombro del *Chocolate* y le miró a los ojos. Luego habló, con su voz grave y solemne de sochantre:

—Oye.

—¿Qué?

—Pues que... No es por nada, pero te voy a regalar un reloj... Un parlo que marcha como el mismo sol...

Al *Chocolate* tuvieron que darle aire. Cuando volvió en sí tenía los ojos extraviados y pronunciaba, entre dientes, unas extrañas palabras, unas palabras que no entendía don Ramón, el oficial de Prisiones.

—¿Qué dice?

—No le entiendo mucho, don Ramón. Sólo le cojo algunas palabras sueltas... balbaló, ocana, parlo...

Charandel atendía, solícito, al muchacho.

—¿Vas mejor?

El *Chocolate* sonreía con un aire de rara bienaventuranza.

—Teblesqueró...

—¿Eh?

—Dios... Dios... Es el parlo de Dios... Un parlo de oro...

Al defensor no le costó gran trabajo que el juez soltara al *Chocolate*. Eso de las facultades mentales surtió efecto. Y, además, era verdad.

Ya en la calle, el *Chocolate* se buscó una lata de galletas para guardar el parlo que le regaló *Charandel,* Justo Corral Rento, el ladrón de ganado.

¿Y después?

Después, al cabo de muchos, muchísimos años, el *Chocolate* murió, abrazado a su lata, escuchando el acompasado sonar de su parlo, del parlo que era tan suyo como su corazón.

Parlo, reloj. *Churré,* Guardia civil. *Tirajay,* zapato. *Cliso,* ojo. *Lorampio,* reloj. *Chiricló,* pájaro. *Mausín,* tesoro. *Balbaló,* rico. *Ocana,* ahora. *Teblesqueró,* Dios.

Todas ellas son voces de caló gitano, excepto *parlo,* que ha sido extraída de la jerga delincuente.

EL CUENTO DE LA BUENA PIPA

Un Sábado de Gloria, hace ya algunos años, Florencio Basilio Pérez, de oficio ebanista, descubrió que su verdadera vocación era la de echadora de cartas.

—Qué contrariedad — decía — que sea hombre y no mujer. Me van a tener que llamar echador, como a los de los cafés, en vez de echadora, que queda mucho mejor.

Florencio estuvo bastante atormentado con esa idea, pero cuando se fue a encargar unas tarjetas reaccionó, cortando por lo sano, y no titubeó.

—¿Pero le voy a poner echadora? — le decía el de la imprenta.

—Sí, señor. El que paga soy yo.

—Bueno, bueno, no se ponga usted así; si se lo decía era por usted. ¡Pues sí que a mí que me importa!

Florencio pagó sus tarjetas y se marchó. Las tarjetas decían: «Florencio Basilio Pérez. Echadora de cartas. Apodaca, 76. Madrid. Por las noches llamad al sereno.»

—¿Crees tú, mamita, que vendrá la gente? — le preguntaba a su madre.

—Sí, hijo, puede ser que sí. En Madrid hay gente para todo.

La madre de la echadora Florencio se llamaba doña Esperanza y era viuda de un guardia municipal, de un urbano, como decía ella.

—¡Ay, mi Florencio! — solía decir —. ¡Qué tío con tipo! Al pobre lo que le perdió fue el vino. Si no es por el vino, mi Florencio hubiera durado cien años, quién sabe si más.

El guardia Florencio, el padre de la echadora, murió de un *delirium tremens* en el Equipo Quirúrgico, poco después de terminar la guerra civil. El pobre había estado siempre muy preocupado con las inclinaciones del hijo, y le echaba la culpa de todos los males a Esteban de Fidel, un mozo tarambana que tan pronto decía que quería ser torero, como futbolista o imitador de estrellas.

—Lo que es el Estebita es un golfo — decía el guardia —, un golfo de tomo y lomo. Si de pequeño el padre le hubiera arreado algún capón, a estas horas sería un hombre como Dios manda, un hombre de provecho y no un parásito.

El pobre Estebita de Fidel lo que era, en el fondo, era un desdichado más infeliz que un cubo. De torero se firmaba unas veces *Fidelito* y otras *Niño del Salitre,* nadie supo nunca por qué; de futbolista aparecía, simplemente, como Esteban, y de imitador de estrellas tenía un nombre de guerra muy bonito: *Nabetse Ledif,* que sonaba como si fuera árabe, aunque no era más que Esteban Fidel puesto del revés, como correspondía al oficio. Esto de poner los nombres al revés se estila mucho también para rotular mercerías o llamar a una brillantina nueva.

Estebita de Fidel, en una temporada en que aparecía como *Niño del Salitre,* sufrió un percance en Manzanares, y allí se tuvo que quedar hospitalizado quince o veinte días. En Manzanares se enamoró de una chica que se llamaba Leo, y cuando se puso bueno se largó con ella a Ciudad Real.

—¡Ay, Esteban, qué feliz soy! ¿Me querrás toda la vida?

—Toda la vida, Leo.

—¿Aunque nos muramos muy viejecitos?

—Sí, Leo, aunque nos muramos hechos dos carcamales.

El padre de Leo, don Facundo Trobajo, un contratista leonés que llevaba ya varios años en Manzanares, tuvo el chivatazo de que su niña estaba en Ciudad Real, y se fue a buscarla, armado de las peores intenciones y de una garrota siniestra, llena de nudos. A los tórtolos se los encontró en La Perla, que era una tabernucha turbia y jaranera, y los deslomó a palos. El pobre Estebita, después de recibir el chaparrón, sobre el lomo, olvidó a su amada Leo a una velocidad ejemplar.

—¡Qué tío! — decía después a sus amigos, cuando contaba el lance —. ¡Miraba como un Pablorromero!

—¿Y tú qué hiciste?

—Pues, chico, nada. ¡Era un padre ofendido!

Los amigos entonces se miraban un poco y sonreían.

—Sí, claro, ya nos hacemos cargo. Debe ser muy doloroso para un padre encontrarse a su niña en La Perla, metida en juerga.

Lo cierto es que el *Niño del Salitre,* de aquella hecha cambió de oficio y se convirtió en *Nabetse Ledif,* transformista e imitador de estrellas de postín y canzonetistas famosas, según se decía en el programa de su debut.

El primer empresario de *Nabetse* fue don Romualdo Ramírez, y su primera actuación tuvo lugar en Alcázar de San Juan, en una sala de fiestas. *Nabatse,* aquella noche, imitó a Raquel, que es lo que hacen todos; a la Chelito y a Mae West, llenándose de trapos por todas partes. El éxito que tuvo fue grande, y el público, sobre todo las señoras, aplaudió con un entusiasmo que no hacía sospechar el final, que no acabó en catástrofe de milagro. Cuando ya le faltaba poco para terminar, le dieron un «¡apio»! desde el gallinero, y aquello fue algo así como la hora H, porque se organizó una escandalera del diablo. La gente, como siempre pasa, se dividió en dos bandos, y mientras unos decían que aquello era arte y que al que no le gustase que se fuera, los otros decían que aquello era otra cosa y que, además, no se marchaban porque no les daba la gana. Don Romualdo, que era hombre de recursos, llamó a la Guardia civil.

—Yo no quiero que se vierta la sangre en mis espectáculos — decía con un empaque patricio —; una cosa es la emoción y otra el sacar los pies del plato. Lo cortés no quita lo valiente.

Don Romualdo tenía un ojo de cristal; el de carne lo

perdió en Haití de un puñetazo que le arreó un negro. Él recurrió a las autoridades para ver si, por lo menos, le pagaban la cura; pero como el negro era senador, hubo que echar tierra al asunto, y don Romualdo se quedó sin ojo, y en paz. El negro, que era un tío de mucha influencia, se llamaba monsieur Louis Napoleón de la Fenêtre de la Pompadour.

—Así — pensaba don Romualdo para consolarse — no hay competencia posible.

A don Romualdo le costeó el ojo una sociedad filantrópica de Nueva York que se llamaba algo así como «Unión de damas para salir al paso de los desmanes de los negros», y que, según decían, era una especie de filial del Ku-Klux-Klan. El acto de la colocación del ojo fue muy simbólico, y en él pronunció un discurso la presidenta de la Sociedad, Mrs. Scott. El local estaba adornado con flores y con banderitas de todos los países, menos Abisinia, Liberia y Haití, y aparecía de bote en bote, abarrotado hasta los topes por todas las asociadas. A don Romualdo le pusieron en una plataforma para que todas lo viesen bien, y una doctora, después de las palabras de la presidenta, le puso el ojo entre grandes aplausos. Don Romualdo dio las gracias en unas breves y sentidas frases que tradujo la misma doctora, que había sido varios años partera en Valparaíso.

La doctora y don Romualdo empezaron a frecuentar algo su trato, y un día él, a la orilla del mar, le cogió las manos y le dijo:

—Margaret, la veo con buenos ojos gracias a usted.

—¡Oh, my dear! ¡Cuánto esperaba su declaración!

Don Romualdo y Margaret se casaron y se vinieron a vivir a España, pero ella cogió el tifus y se murió. Entonces fue cuando don Romualdo se metió a empresario, primero de boxeo, luego de toros, y, por último, con un espectáculo lírico-cómico-bailable, que se llamaba «Oriflamas de España», y que le dejó sus buenas pesetas.

En «Oriflamas de España» contrató un día a una artista que se llamaba Paquita de Castro del Río, que era una morenaza bravía y llena de claveles, que hablaba con la zeta. Don Romualdo, quizá para borrar el recuerdo de miss Margaret, que era casi albina, empezó a cortejar a la Paquita; pero la niña, que aunque no lo parecía era bastante previsora, le dijo que «denén», y que mientras no se pasasen por la Vicaría no había ni que hablar.

La madre de la Paquita, que tenía una fábrica de tejeringos en Castro del Río, en la provincia de Córdoba, a orillas del Guadalajoz, afluente del Guadalquivir...

Uno del público: —Oiga, ¿hasta cuándo va a seguir usted?

El inventor de estas invenciones: —Hasta que ustedes quieran; esto es como el cuento de la buena pipa.

IV

DOCE FOTOGRAFÍAS AL MINUTO

SANSÓN GARCÍA, FOTÓGRAFO AMBULANTE

Sansón García Cerceda y Expósito de·Albacete, cuando metía la jeta por la manga de luto de su máquina de retratar, miraba con el ojo diestro, porque el siniestro, por esas cosas que pasan, se lo había dejado en Sorihuela, en la provincia de Jaén, el día de San Claudio del año de la dictadura, en una discusión desafortunada que tuvo con un francés de malos principios que se llamaba Juanito Clermond, y de apodo Arístides Briand II.

A Sansón García le había nacido la afición a retratista desde muy tierna edad, motivo por el cual su padre, don Híbrido García Expósito y Machado Cosculluela, le arreaba unas tundas tremendas porque decía, y él sabría por qué, que eso de retratista no era oficio propio de hombres.

—Pero vamos a ver, padre — le argumentaba Sansón para tratar de apiadarlo —, ¿cuándo ha visto usted que los retratistas que van por los pueblos sean mujeres?

Don Híbrido, entonces, se ponía rabioso y empezaba a rugir.

—¡Cállate, te digo! ¡Más respeto es lo que tienes tú que tener con tu padre, descastado! ¡Más respeto y más principios, hijo desnaturalizado!

A don Híbrido, que era un dialéctico, no había quien lo sacase de ahí. Sansón, cuando veía que su progenitor se ponía burro, se callaba, porque si no, era peor.

—¡Cálmese, padre, cálmese, yo no he querido ofenderle!

—Bueno, bueno...

Don Híbrido García Expósito era, de oficio, fondista retirado. Durante treinta años, o más, había tenido una fonda en Cabezarados, en tierra manchega, al pie de la sierra Gorda y no lejos de las lagunas Carrizosa y Perdiguera, y había ganado sus buenos cuartos. Desde los tiempos de fondista, a don Híbrido le había quedado un carácter muy mandón, muy autárquico, según él decía.

—A mí siempre me han gustado los hombres de carácter autárquico, los hombres que dicen «por aquí» y por aquí va todo el mundo, mal que les pese. ¡Esos sí que son hombres! Lo malo es que, en los tiempos que corremos, ya no van quedando hombres autárquicos. ¡Para hombres autárquicos, el Cardenal Cisneros y Agustina de Aragón! ¡Aquéllos sí que eran hombres autárquicos, y no estos que hay ahora, que se desmayan en cuanto que ven media docena de heridos graves! ¡Yo no sé a dónde iremos a parar!

Con esto del carácter autárquico, don Híbrido tenía metido el resuello en el cuerpo a todos los que le rodeaban, menos a su señora, que era de Lalín, y que un día, a poco de casarse, le dio con una plancha de carbón de encina en una oreja y se la dejó arrugadita y llena de jeribeques como una col de Bruselas.

Sansón, que era de temperamento más bien apacible, cosa que a don Híbrido le preocupaba lo suyo, porque no se explicaba a quién había salido, sufría mucho y, al acabar la guerra, cuando leía algunas declaraciones del señor ministro de Industria y Comercio hablando de la autarquía, se echaba a temblar y se le abrían las carnes.

—¡Pues vamos servidos! —pensaba—. ¡Ahora sí que la hemos hecho buena!

Sansón García, con su vieja máquina de trípode y manga de costillas, su ojo de menos y la palabra «autarquía» dándole alergia en el alma, llevaba ya muchas leguas españolas retratando niños hermosos de flequillo y sandalias con tacones de filips, soldados de Infantería que mandaban recuerdos a sus novias lejanas, criadas de servir con el pelo de la dehesa asomándoles por el cogote y grupos de señoritas de pueblo a las que se les habían despertado insospe-

chadas hermosuras con el cap de vino blanco y el mal
ejemplo de las bodas.

Sansón García, que era muy lírico, que era un verdadero poeta, se sentía dichoso con su industria ambulante.

—¡Qué satisfacción — pensaba, a veces, cuando había
comido algo templado —, esto de poder vivir de ver sonreír a la gente! Yo creo que no hay otro oficio igual en el
mundo, ni siquiera el de pastelero.

Sansón García amaba la Naturaleza, los niños, las niñas,
los animales y las plantas. El ojo que le vació Arístides
Briand II fue, precisamente, por reprenderle, un día que
estaba experimentando con unos pobres gatos un nuevo
modelo de guillotina.

El Arístides Briand II le dijo:

—Yo amo el progreso y soy satisfecho de poder contribuir a la evolución de la mecánica. Además, estoy extranjero y me rijo por las leyes de mi país.

Sansón García le contestó que aunque estuviese extranjero, los gatos eran españoles, y él no toleraba que los
maltratasen. Por toda respuesta, Arístides Briand II le dijo:

—¡Cerdo! ¡Inculta mula de labranza!

Sansón García le dijo que más cerdo y más inculta mula
de labranza era él, y entonces el francés le dio un golpe de
mala suerte y lo dejó tuerto, tuerto para toda la vida.

Sansón se puso una ventanilla de paño negro en el
sitio del ojo, cuando le curaron el estropicio, y el Arístides
Briand II se marchó con su nuevo modelo de guillotina a
experimentar en otros horizontes porque la gente de Sorihuela que, salvo raras excepciones, había tomado el partido
de Sansón García, lo quería linchar.

Pues bien, a lo que íbamos: los datos y las señas particulares semovientes que van a desfilar por esta galería de
la docenita de fotografías al minuto, los debe el firmante
a la buena retentiva de su amigo Sansón y a la merced que
le hizo de confiárselos.

—Si a usted le valen para algo — le dijo un día de este
verano, en Cercedilla, al pie de Siete Picos —, úselos sin
reparo, que cada cual sabe de su oficio. Yo ya les saqué los

cuartos con la máquina de retratar, sáqueselos usted ahora con la péñola.

Sansón García, en seguida se echaba de ver, era un hombre muy bien hablado, un hombre que se expresaba con suma propiedad.

GENOVEVITA MUÑOZ, SEÑORITA DE CONJUNTO

Esta que ve usted aquí — aclaró Sansón García, mostrando la foto de una moza robusta — es la Genovevita Muñoz, señorita de conjunto, natural de Valencia del Mombuey, provincia de Badajoz, ya en la raya de Portugal, frente al cerro Mentiras, y moza de la que yo anduve una temporada un si es no es enamoriscado.

Sansón García guardaba muy claro recuerdo de Genovevita Muñoz.

—Yo digo que éstas son las «vivencias», ¿verdad, usted?

Al coleccionista de estos apuntes le estremeció oir hablar de «vivencias» con la misma honda, cruel, resignada y amarga intención con la que suele hablarse de «mangancias».

—Sí, a mí me parece que eso deben ser las «vivencias».

Sansón García, con un gesto inefable de experimentado Don Juan de los barbechos, bebió un traguito de vino y continuó:

—La Genovevita Muñoz, aunque era cariñosa cuando quería serlo, tenía el genio algo pronto, grandes las fuerzas y yerma la sesera, lo que hacía que, cuando se encampanaba, cosa que solía ocurrirle de luna en luna, tuviéramos que huir de su presencia hasta los más allegados. Un servidor, sin ir más lejos, lleva en el cuero cabelludo un bache que le produjo la Genovevita, un día que no pudo darse el bote a tiempo, con una lezna de zapatero que guardaba en su maleta, vaya usted a saber para qué. Verá, toque usted aquí.

En el agujero que lucía Sansón en su colodrillo hubiera podido caber, incluso holgadamente, una perra gorda.

—Pero la Genovevita, no se vaya usted a creer, también tenía sus encantos y sus dotes naturales, y era hembra requerida con insistencia por todos los que la iban conociendo. Ella, lo primero que preguntaba no era el volumen de la cartera, como hacen otras, sino la naturaleza del pretendiente. Para empezar a hablar, ponía como condición que su galanteador fuera español. «Yo soy tan española como la Virgen del Pilar», decía, «y no quiero nada con franceses.» Quizá tuviera sus razones.

Sansón García apuró el vaso y llamó al chico.

—¡Dos blancos!

—¡Va en seguida!

«Reportajes Sansón» — como se anunciaba al llegar a un pueblo nuevo — estaba elegíaco y sentimental. Cuando se ponía elegíaco y sentimental, la ventanilla negra que le tapaba el ojo que no tenía se le tornaba color ala de mosca con reflejos de un verde funerario.

—¡Vaya, por Dios!

Un diablo de silencio, pesado y lento como una vaca mansa, cruzó por los densos aires de la taberna.

—¡En fin! La Genovevita Muñoz, ¡más vale seguir con su historia!, empezó de criada de servir, siendo aún muy tierna, en casa de unos señores de Barcarrota, el pueblo que tiene la plaza de toros metida dentro del castillo como un pie en el calcetín. Como el sueldo era escaso, mucho el trabajo y demasiado lo que su señorito entendía por «chica para todo», la Genovevita levantó el vuelo, a la primera ocasión que se le presentó, y fue a caer en Valverde del Camino, en territorio de Huelva y a la sombra de las lomas de Segundaralejo, donde se enroló en las huestes llamadas «Oriflamas de Andalucía, espectáculos folklóricos», que se ganaban la muerte a pulso sudando y ayunando de tablado en tablado por esos mundos de Dios.

Como no sabía ni cantar ni bailar, lo que hizo el director de la compañía fue sacarla en enagua para que diese unos paseítos por el escenario. Lucida sí estaba, e incluso gallarda, y como el número, que se titulaba «Bañistas de New York», era del agrado del respetable, la Genovevita pronto se hizo algo famosa y pudo aspirar a mejor situación.

El chico de la tasca — camisa mugrienta, pantalón de pana y mandil a rayas verdes y negras — puso sobre la mesa los dos blancos y un platillo en el que se perdían dos canijas aceitunas con rabito.

—A la Genovevita la conoció un servidor en San Martín de Valdeiglesias, un pueblo grande y rico que crece en las tierras que Madrid mete, como una cuña, entre las provincias de Ávila y Toledo. La Genovevita era, por aquel entonces, señorita de conjunto en un elenco artístico que se llamaba «Cálidos ecos del Caribe» y bailaba la rumba y el danzón, un poco en segundo término, esa es la verdad, haciendo coro a las evoluciones de Belén Baracoa, «La voz de fuego del Camagüey», una mulata más bien llenita, nacida en Betanzos, que disimulaba lo mejor que podía su acento gallego. Verla y enamorarme de ella, se lo juro a usted por lo que más pueda importarme en este mundo, fue todo uno. Se lo dije, de la mejor manera que pude, ella me dio el ansiado sí y como en «Cálidos ecos del Caribe» un servidor no tenía acoplamiento, nos fuimos a la capital de España a vivir sobre el terreno, como la infantería, creyendo, ¡pobres de nosotros!, que en la capital de España se ataban los perros con longanizas. Pronto nos dimos cuenta de nuestro error y de que si los perros se atasen con longanizas, las longanizas hubieran pasado, más que aprisa, a la panza de sus amos, y, al tiempo de pensarlo, decidimos salir de naja con viento fresco, por eso de que más vale morir en el monte, como un conejo, que en un solar, como los gatos. ¡Dos blancos!

—¿Eh?

—No, no era a usted, es al chico del mostrador, que es medio pasmado. ¡Chico, otros dos blancos!

—¡Va en seguida!

—Pues como le decía. A un servidor, que es de natural más bien celoso, no le agradaba mucho el oficio de cómica de la Genovevita, por eso de que las cómicas, ya sabe usted, suelen tener mala fama, y un día que me armé de valor, pues fui y se lo dije. «Oye, Genovevita, chata — fui y le dije —, ¿a ti no te parece que sería mejor que te dedicases a otra cosa? No es por nada, pero a mí se me hace que para cómica no sirves.» ¡Dios, y la que se armó! La Genovevita, hecha un basilisco, se me tiró encima y me dio semejante tunda — no tengo por desdoro el reconocerlo — que, a poco más, no la cuento.

Sansón García se iluminó con una tenue sonrisa.

—¡Estaba hermosa la Genovevita, con su pelo revuelto y sus ojos igual que los de un tigre! En fin... Usted me perdonará, pero no puedo recordarla sin nostalgia. ¿Le es a usted igual que sigamos otro día cualquiera con el cuento de la Genovevita?

—Como guste.

—Muchas gracias; hoy no podría continuar. ¡Chico, que sean cuatro!

TIBURCIA DEL ORO, SUCESORA DE GENOVEVA Y NURSE

A L día siguiente, Sansón García no se mostró muy propicio a continuar con la historia de la Genovevita.

—¿Por qué no me acaba usted de contar lo de la Genovevita?

Sansón García torció el gesto.

—No, déjelo usted. Aquello acabó mal, ¡pero que muy mal! La Genovevita era hermosa, sí, yo no lo niego, pero tenía un pronto que no había quien se lo aguantase. Ella misma, se conoce que azarada, lo preguntaba a veces: «¿Oye, Sansón, una es muy bestia?» Un servidor, claro es, le decía que no: «No, mujer, lo normal, ¡nada más que lo normal!» Pero no era verdad, se lo aseguro; la Genovevita era más bestia de lo normal. Es mejor que pasemos a otra cosa.

—Usted manda.

Sansón García puso el gesto manso.

—Muchas gracias. ¿Quiere usted que le cuente de la señorita Tiburcia del Oro y Gomis, una nurse la mar de fina que vino a substituir en mi corazón a la Genovevita?

—Bueno, cuénteme usted.

Sansón García corrió un poco la silla, para tener más espacio, y se arrancó.

—Pues sí. La Tiburcia del Oro, a pesar de su nombre de señorita torera, era una chica de principios, bien educada, hacendosa y culta. A la Tiburcia del Oro (usted me sabrá disculpar, pero llamarla Tiburcia, a secas, no me parece respetuoso) la conocí en Cuenca, capital, donde estaba al cuidado de unos niños ricos que comían la sopa con los dedos y que se pasaban la vida dándose vueltas por los tejados. «No hay manera de hacer carrera de ellos — me decía la Tiburcia del Oro —; lo mejor va a ser dejarlos, a ver si se desploman.» A los pocos días de conocerla un servidor, de conocerla en lo que pudiéramos llamar «sentido bíblico», ¿usted me entiende?

—Sí, sí, siga.

—Pues eso, a los pocos días de conocerla un servidor, uno de los niños, que se llamaba Julito, se vino de un tejado abajo y se mató. ¡Animalito!

Sansón García se quedó en silencio unos instantes.

—¡En fin! A la Tiburcia del Oro, los papás de la criatura la pusieron de patas en la calle y no le pagaron el mes que le debían. Entonces, la Tiburcia del Oro, sola y desamparada, se acercó a la fonda donde vivía un servidor, en la calleja del Clavel, y allí se desarrolló una escena muy emocionante en la que intervinimos un servidor, la Tiburcia del Oro, la patrona, que se llamaba doña Esther, un viajante picado de viruelas al que decían Simeoncito, a pesar de lo grande que era, y un guardia municipal que estaba apartado de su señora y que vivía con nosotros. La Tiburcia del Oro, hecha un mar de lágrimas, no hacía más que decir: «¡Ay, ay, ay, qué horrible desgracia, qué horrible desgracia!» Los demás, para consolarla, le contestábamos: «No, mujer, peor está el Julito; hay que tener calma». Como usted verá, no variábamos mucho, se conoce que impresionados por el dolor de la Tiburcia del Oro, que era muy grande.

«Reportajes Sansón» volvió a pararse y se puso a mirar para unos desconchados que había en el techo.

—Parecen niños por el aire, ¿verdad, usted?, niños cayéndose de cabeza de los tejados.

—¡Psché!

«Reportajes Sansón» siguió con lo de la nurse.

—El guardia municipal, que era entendido en leyes, nos aconsejó que lo mejor era que la Tiburcia del Oro se largase. «Si a usted le apetece, puede irse detrás, eso usted verá — me dijo —, pero la señorita debe salir arreando antes de que las cosas se pongan peor.» La patrona y el Simeoncito también estaban de acuerdo en que lo mejor era poner pies en polvorosa, y entonces, la Tiburcia del Oro y un servidor, pues claro, sacamos dos terceras y nos llegamos a Valencia, a la ciudad del Turia, como le dicen, donde un servidor encontró un apaño empleado en una fotografía de mucha clientela que se llamaba «El Arco Iris», haciendo ampliaciones iluminadas de muertos. Como la guerra había acabado poco tiempo atrás y el recuerdo de los muertos aún estaba fresco en cada familia, «El Arco Iris» tenía la mar de encargos y un servidor se venía sacando, bien que mal, su jornalito.

—Ya, ya.

—Pues sí, en la ciudad del Turia, como antes le dije, la Tiburcia del Oro y un servidor fuimos muy felices. La Tiburcia se compró un cajón para vender pañuelos y puntillas a las vecinas y con lo que sacaba de beneficios, como con lo que un servidor ganaba nos llegaba para cubrir las necesidades, nos íbamos al cine algún día y nos bebíamos nuestro litro de blanco sin tener necesidad de dejarlo a deber, que siempre desprestigia. ¡Qué tiempos aquéllos! ¡Cada vez que los recuerdo, créame usted, se me abren las carnes de gusto!

—¿Y qué fue de la Tiburcia del Oro?

—¿Qué fue? ¡Calle usted, hombre, calle usted! Cuando más felices éramos y cuando nada ni nadie parecía capaz de destruir nuestro amor, la mordió un chucho repugnante, ¡maldito sea, y usted perdone!, un chucho de muchos perendengues y mucha distinción, pero que después resultó que estaba rabioso, y la pobre Tiburcia del Oro, a pesar de lo fina que era, que nadie recordaba jamás haberle escuchado una palabra malsonante, se murió en el hospital, contagiada del terrible mal descubierto por el sabio Pasteur. ¡Qué pena de muchacha!

—¡Hombre, sí! En fin, ¡usted perdone que le haya motivado estos recuerdos tan dolorosos!

—No; ¿qué más da?

Sansón García se levantó, rebuscó en sus carpetas, y puso sobre la mesa tres docenas o más de fotografías de la Tiburcia del Oro.

—Mírela usted, ¡qué gallardía, qué planta, qué mirar!

DON MERCURIO MOSTASÉNS Y CARABUEY
DE CALATRAVA

«REPORTAJES Sansón» estaba muerto de risa.

—¡Éste sí que era un tío gracioso! ¡Ja, ja! ¡Yo, es que me troncho, cada vez que lo saco a flote! ¿No lo conoce?

—Pues, hombre, no, la verdad. ¿Quién es?

—¿Pero de verdad no lo conoce?

—No, hombre, no lo conozco, ¿no se lo estoy diciendo a usted? ¿Quién diablos es este sujeto?

Sansón García bebió un sorbito de vino, con pausa, con reiterado paladeo, con sabias gárgaras, escurriendo el gaznate. Después le puso una mano en el hombro a un servidor.

—Pues, mire, se lo voy a explicar. Este que ve usted aquí, con su cara de facineroso aojado, es nada menos que don Mercurio Mostaséns y Carabuey de Calatrava, famosísimo imitador de estrellas, de mozo; picador de reses bravas, novillos y toros, al volver de Melilla de servir al rey; juez municipal de Valdicuenco, provincia de Zamora, durante una temporada; fullero durante muchos años; hermano lego echado del convento por tarambana; criminalista de afición; hombre de bien, según decía una novia que tuvo la suerte de dejarlo a tiempo; explorador, masón y gerifalte de la famosa secta desnudista «Los hijos de Natura», que tanta fama tuvo cuando García Prieto. ¿Se acuerda usted?

—No, no, pero es igual. Siga usted.

—Pues sí, como le decía. Al don Mercurio lo retraté en Dolores, un pueblo valenciano, pocos días antes de que desgraciara a la mamá de una huertana rica a la que pretendía. El don Mercurio había oído que la costumbre era meter el cañón de una escopeta por la ventana de la moza y pegar una perdigonada al techo, sin más ni más, y, ni corto ni perezoso, como por entonces era hombre de posibles, se mercó un arma en buen uso; la atascó de perdigones a conciencia; esperó a que llegara la noche; se acercó con paso de lobo a la barraca; tentó la ventana, la abrió y, ¡zas!, le metió semejante perdigonada en el lomo a la mamá de la niña que por poco la deja en el sitio. Como el don Mercurio no era tonto, lo primero que hizo, en veź de asistir a la señora, que, como él decía, ya tenía quien mirara por ella, fue salir arreando todo seguido, para poner tierra por medio y evitar que los vecinos pudieran darle caza.

—Ya, ya.

—Pues eso. El don Mercurio, que era hombre resistente, se puso de una sentada a más de seis leguas del lugar del suceso, y aunque los indígenas dieron parte a la Guardia civil, el don Mercurio, para su bien, no pudo ser hallado.

—¡Suerte!

—¡Ya lo creo! ¡Mucha suerte! Los ánimos, ¿sabe usted?, estaban muy irritados con su falta de tino, y si lo hubieran cogido, quizás a estas horas aún tendría las marcas de los verdugones por el cuerpo. ¡Y eso, si hubiera podido contarlo!

Sansón García se puso bien la ventanilla del ojo, que estaba un poco caída, y siguió hablando.

—A este don Mercurio le tengo que estar muy agradecido, porque al cabo de algún tiempo me lo encontré en Bienservida, en la provincia de Albacete, y me dijo con una gran llaneza muy de señor: «Hombre, Sansón, ¿te acuerdas del incidente de Dolores, aquel en el que aquella tía tonta por poco se suicida?» Un servidor, como usted comprenderá, sí que me acordaba. «Sí, señor don Mercurio, sí que me acuerdo.» Él se retorció el bigote y me miró. «¿Y te acuerdas bien, bien, lo que se dice bien?»

«Sí, señor, me acuerdo la mar de bien de todo, ¡menuda la armó usted!» Don Mercurio sonrió, orgulloso. «Sí, ¡la verdad es que no fue mala! Oye, Sansón; hablando se entienden los hombres: ¿si te doy un duro, te olvidas de todo?» A mí no me pareció bien abusar. «Sí, señor, y por menos también.» Don Mercurio, que no reparaba en gastos, me dio un duro y además me dijo: «Gracias, Sansón.» «De nada, don Mercurio, a usted.»

Sansón García se interrumpió unos instantes.

—¿Me da usted fuego, por favor?

Sansón García, se conoce que con el recuerdo de don Mercurio, se había vuelto muy fino.

—Sí, no faltaría más.

—Muchas gracias.

—A usted.

—Igual digo.

—De nada.

—Amén.

—Así sea.

Sansón García echó una larga y curva bocanada de humo por la nariz.

—Pues, sí, amigo mío, ¡caray con el don Mercurio! ¡Aquélla sí que era raza! ¿Eh?

—Ya, ya...

—Para mí que don Juan de Austria y don Carlomagno, de Francia, debían de ser así como de un estilo al don Mercurio, ¿verdad?

—¡Puede! Yo, de historia, sé poco; yo no hice estudios.

Sansón García dio suelta a la espita de la caridad.

—Eso no importa. ¡Ya ve usted Ford!

—Sí, claro; el que no se consuela es porque no quiere...

Sansón García se rascó el agujero del ojo con un mondadientes.

—¡Naturalmente, hombre, naturalmente!

Sansón García era muy buena persona. Sansón García era un hombre que no quería hacer de menos a nadie.

DIFUNTIÑO RODRÍGUEZ, POETA ÉPICO

SANSÓN García rebuscó en sus fotografías.

—Mire usted éste. Éste era Difuntiño Rodríguez, poeta épico, autor de la famosa «Oda a la corriente eléctrica», con la que ganó los juegos florales de Villaverde de Volpereja, provincia de Palencia, en 1935. Era un tío muy solemne, el don Difuntiño, un tío muy conspicuo y ordenado, lleno de granos y de buenos principios. Un servidor piensa que, de no haber cascado a edad tan tierna, ¡cuarenta y seis años, señor!, hubiera llegado muy lejos, quién sabe si a París o aún más allá. Pero la Parca, ¿sabe usted?, la insaciable Parca, se lo llevó con ella, y Difuntiño Rodríguez dejó de hacer odas y loas y serventesios. ¡Pobre don Difuntiño, con lo buen poeta que era! Difuntiño Rodríguez, para que usted lo vaya sabiendo, viajaba siempre de carpeta. Cuando alguien le decía: «Oiga, usted, don Difuntiño, ¿qué lleva usted ahí?», don Difuntiño le respondía, levantando una mano para arriba, como García Sanchiz: «Ahí, amigo mío, llevo mi vida entera», y después, como para dar más fuerza a la cosa, añadía: «¡Estos son mis poderes!, como decía Salomón». «Oiga, don Difuntiño, ¿usted está seguro de que fue Salomón el que dijo eso?» «Bueno, Salomón o quien fuera, ¿qué más da?» «Claro, claro», le contestaban, «¿qué más da? El caso es que lo haya dicho alguien, ¿verdad, usted?» Don Difuntiño llevaba la carpeta llena de juicios de Prensa. «Vea usted lo que dice «El Debate». «El Debate» decía: «El señor Rodríguez trata temas, como la Patria, el amor y la luz eléctrica, que no pueden sernos menos que muy

gratos.» «¿Eh, qué tal?» Despúes don Difuntiño volvía a
revolver entre sus recortes y sacaba otro a relucir. «Vea
usted lo que dice «La Voz», diario de la noche. «La Voz»,
diario de la noche, decía: «Poeta estimable, el señor Rodríguez deberá actualizar su musa.» Don Difuntiño tomaba aliento: «¿Eh, qué tal?» Don Difuntiño era muy feliz
con lo que le decían; todo le gustaba, esa es la verdad.
Don Difuntiño había sentido la llamada de la poesía en
Melilla, cuando soldado. El brigada de su compañía lo
puso a hacer cuentas, porque don Difuntiño era hombre
instruido, no se vaya usted a creer, y allí en la oficina,
entre los rebajes de rancho y los estados de raciones, don
Difuntiño rompió a escribir. El primer verso que hizo se
titulaba «Loa a María» y tenía trescientos sesenta y seis
versos, uno por cada día del año, si el año es bisiesto. María era la señora del brigada, de quien don Difuntiño andaba enamorado. La «Loa a María» empezaba así:

> ¡Oh, María,
> alma mía,
> lotería
> de mi amor!

El brigada, cuando se enteró de eso de los versos, le
dijo: «Oiga usted, Difuntiño, ¿quién es esa María?», y
don Difuntiño le dijo: «Una de mi pueblo, ¿por qué?»
«No, por nada; me alegro por usted que sea una de su
pueblo.» Don Difuntiño se quedó preocupado con las enig-
máticas palabras del brigada, y estuvo algún tiempo sin
hacer más versos. Después, y ya atacado del divino mal,
empezó a escribir y a escribir y ya no pudo parar hasta
la muerte. ¡Pobre don Difuntiño!

Sansón García se detuvo unos instantes, a tomar aliento. Estaba locuaz y no dejaba meter baza.

—A don Difuntiño lo retraté en Cuéllar, Segovia, al
pie del castillo. «Fotocópieme aquí, cabe estas piedras mi-
lenarias, artesano de la cámara obscura», me dijo. Don
Difuntiño, a veces, hablaba muy redicho; se conoce que

le salía el poeta y no lo podía evitar. «Sí, señor, con mucho gusto», le respondí. «¿Cuál ha de ser el valor intrínseco de mi efigie en cartulina?», me preguntó. Un servidor, al principio, ¿sabe usted?, no entendió bien. «¿Eh?». Don Difuntiño sonrió, amable: «Digo que, calculado a nuestro sistema monetario, vamos, en pesetas y céntimos de pesetas, ¿cuánto ha de costarme llevar un recuerdo?» «¡Ah! Pues mire, un recuerdo, un real, y seis, una peseta.» A don Difuntiño le hice seis recuerdos, me pagó su peseta con puntualidad, y ya no lo volví a ver en la vida. Algo de sus andanzas me fue contado por la patrona, que, según decía, era muy amiga suya. Esta misma patrona, cuando volví a pasar por Cuéllar, a los seis o siete años, me dio la triste nueva de que don Difuntiño había palmado. Un servidor, a decir verdad, lo sintió muy de veras. ¡Pobre don Difuntiño! ¡Para un poeta que tenemos de vez en cuando, ¿verdad, usted?, y que casque!

—Ya, ya...

—¿No cree usted que es lastimoso?

—¡Ya lo creo! ¡De lo más lastimoso que hay!

«Reportajes Sansón» guardó un breve silencio. Después exclamó, poniendo el ojo en blanco:

—¡Y que lo diga usted, amigo mío, y que lo diga usted!

«Reportajes Sansón» se calló de repente, como si le hubieran dado un bebedizo.

—¿Le sucede a usted algo?

—No, no... El recuerdo de don Difuntiño, que me asalta.

—¡Vamos, vamos! Sobrepóngase usted, haga un esfuerzo... ¿Un blanco?

«Reportajes Sansón», con un hilo de voz, suspiró:

—Bueno...

EL CATADOR DE ESCABECHE

A veces, hay alguno que no sé cómo se llama; no lo apunté a tiempo, como debiera, y después me olvidé. Éste, por más que quiero acordarme, no consigo saber cómo se llama. Tiene cara de Estanislao, pero, claro, eso no se puede asegurar.

—¿Y Venancio? ¿No se llamaría Venancio?

—No, no; Venancio tampoco. ¡Vaya usted a saber!

Fuera, retumbaba el trueno y chispeaba el rayo, como en algunas novelas.

—De lo que sí me acuerdo es del oficio. Éste, aquí donde usted lo ve, con su carita de pardillo y su sombrero de veraneante, era catador de escabeche, nutritivo oficio que sería mejor si tuviera horizontes más amplios, vamos, quiere uno decir encargos más frecuentes. Cuando alguien requería sus servicios, este señor ponía una cara muy digna para preguntar: «¿Origen, calidad o estado?» Si le decía, por ejemplo, «origen», él lo paladeaba sin grave preocupación y respondía: «Bonito, o perdiz, o truchas», o lo que fuese. Si le decían, pongamos por caso, «calidad», entonces miraba un poco de lado y se secaba los labios con la lengua: «Superior; buena sin exageraciones, mediana», etc. Si le decían «estado», verbigracia, pinchaba un trocito, se quedaba con los ojos fijos en el techo y, según lo que tuviera que contestar, así ponía la cara: «Pastoso; agridulce, febril o putrefacto» solían ser sus calificaciones más frecuentes.

—Ya, ya, ¿y acertaba?

—Pues, mire usted, no mucho porque, la verdad es, casi ni le daban ocasión. Ya sabe usted lo burras y ahorrativas que suelen ser las amas de casa.

—Sí, sí, bastante burras por lo general.

Sansón García, a quien la lluvia y el mal tiempo restaban posibilidades, ensayó una sonrisita de cumplido.

—Perdón.

—Usted lo tiene.

Sansón García cruzó el local y se echó al bolsillo una punta de puro de muy buen ver todavía, que se desesperaba debajo de la mesa de billar.

—Si no estiro las piernas de vez en cuando, soy hombre muerto.

—Ya.

Sansón García puso su colilla sobre el mármol, la secó un poco con la manga y abrió la navaja.

—¿Usted gusta?

—Que aproveche.

—No, no, no lo diga de cumplido. ¿Usted gusta? Yo creo que hay para los dos.

—¡Hombre, si es así!

Los pitillos de puro, sobre todo cuando el puro aún no se ha dejado enfriar demasiado, son buenos y substanciosos y sirven de medicina contra los catarros.

Sansón García volvió a mirar la foto del catador de escabeche.

—No, no, Eduardo tampoco se llamaba; ni Retortillo; ni Paso. ¡Nada, que no me puedo acordar! ¡Mire usted que es fatalidad!

—No, hombre, déjelo, ¿qué más da? Si usted quiere, lo bautizamos de nuevo.

Sansón García Cerceda y Expósito de Albacete pegó un respingo; parecía como si le hubieran puesto un par de banderillas de fuego en el lomo, o como si le hubieran pegado un par de feroces punterazos en el trasero.

—¡No! ¡Jamás! ¡Eso de ninguna manera! ¡Eso es tentar al destino!

—Bueno, hombre, bueno... ¡No se ponga usted así!

A Sansón García se le fijó un rictus pensieroso en la faz.

—Es que eso me trae muy atroces memorias, amigo mío, muy amargos y dolorosos recuerdos.

Sansón García había hablado con la opaca voz de los fantasmas y de los recaudadores de contribuciones.

—Bueno, bueno, ¡déjelo!

—Ahora ya es inútil, compañero, ahora ya no me queda más remedio que...

¿El lector se imagina a Espronceda en las barricadas? Bueno, pues igual, igual, estaba Sansón García en aquel trance.

—¿Qué...?

—... que descargar mi conciencia con la confesión.

—¡Caray!

—Sí, señor, como lo oye.

El cronista de estas tiernas insensateces se resignó.

—Bueno, confiésese usted. ¡Si no hay más remedio!

A Sansón García, en el ojo que sí, se le posó una avispa. Sansón García, con parsimonia, la esmagó entre dos dedos.

—Sí, me confesaré. ¡Qué remedio me queda! Pero no ahora. ¡Ahora no me sería posible!

—Bueno, bueno, ¡yo no le quisiera forzar!

—No, no me fuerza. ¡Soy yo el que lo necesita! Mañana, si a usted le parece bien, le mostraré los misterios de mi corazón, los negros misterios de mi atribulado corazón.

Sansón García no estaba nada alegre.

FILITO PARRA, O EL POZO DE LOS AMARGOS RECUERDOS

No me hurgue usted, hermano, en el pozo de los amargos recuerdos! ¡Por lo que más quiera en este mundo se lo suplico a usted! ¡Ay, si usted pudiera ver cómo sangra mi atribulado corazón!

—Pero, hombre, García, ¡tenga usted un poco de presencia de ánimo! ¡No se deje usted invadir por el pesimismo! ¡Qué le vamos a hacer! Las cosas, cuando vienen mal dadas, hay que tomarlas con paciencia, igual que el reuma. Tomarlas de otra manera es muestra de incultura, ¿verdad, usted?

—Sí, amigo mío, sí, de una gran incultura. Pero, ¿qué quiere usted que haga, si no lo puedo evitar? ¡Ay, si usted pudiera ver las lágrimas amargas que vierte mi atribulado corazón!

Sansón García suspiró y pidió un anís.

—¿A usted le es igual seguir con vino blanco? Es que para dos anises no creo que llegue. ¿A usted le es igual?

—Sí, sí; a mí, sí.

Sansón García llamó al camarero.

—Un anís.

—Va en seguida.

Sansón García lanzó otro suspiro, éste aún más profundo todavía.

—Usted perdone; son los ayes que se escapan del pozo del recuerdo. ¿Usted se percata?

—Sí, sí, la mar de bien.

Sansón García, con el anís delante, se sintió con fuerzas para arrancar.

—¡Pobre Filito!

—¿Filito?

—Sí, señor: Filito. ¡Pobre Filito! Se lo voy a mostrar. ¡Era un encanto, un verdadero encanto!

«Reportajes Sansón» puso sobre la mesa, casi con regodeo, la foto de una señorita gorda, peinada con flequillo.

—¿Ésta es Filito?

—Bueno, no; aquí todavía se llamaba Filita, Filita Parra Cisneros, alias «Salerosa», señorita torera y el amor más grande que tuve sobre la tierra. ¡Vaya por Dios! Filito se llamó después, cuando cambió de sexo, por esas cosas que pasan, y tuvimos que cortar nuestras relaciones, para no dar a la calumnia, ¿sabe usted?

—Ya, ya...

«Reportajes Sansón», que sabía sufrir en silencio, se sacó de la manga una foto dedicada.

—Aquí está Filito, Filito Parra Cisneros, o sea, Filita después del susto, alias «Saleroso», canzonetisto y ex amante de un servidor. Vea usted la dedicatoria, qué sentida. Lo que yo le digo a usted es que si a la Filita no le pasa nada y no le sale el bigote, a estas alturas es mi señora. ¡Vaya si lo es! Pero yo puedo decir como Felipe el Hermoso: «¡Yo no he mandado a mi corazón a luchar contra los elementos!» ¡Y qué elementos, amigo mío, y qué elementos!

Filito, en la foto, aparecía sentado en el borde de una mesa, con un pie en el suelo y otro en el aire, con bigote, y con un reloj de pulsera de mucho brillo. La dedicatoria decía así: «A mi Sansón, el hombre que supo resignarse ante los designios de la ciencia. Con un fuerte apretón de manos de Filito Parra.» La rúbrica de Filito Parra era cumplida y armoniosa como el canto de... Bueno, como el canto de un jilguero enamorado y el airoso enredarse de la hiedra cabe los viejos muros de la catedral.

El biógrafo de Sansón se quedó un poco sin saber qué decir.

—¡Guapetón! ¿Eh?

—¿Guapetón, dice usted? ¡El hombre más hermoso que ha podido ver la luz del sol! Y eso que el bigote no le favorece nada, se lo juro. ¡Cuando había que verlo es cuando era señorita! ¡Qué andares! ¡Qué tronío! ¡Qué palmito! ¡Qué estilo! ¡Qué «sex-appel»! ¡Ay, amigo mío, usted no ha visto lo que es bueno! ¡Usted no se puede imaginar lo que era Filito antes del percance que lo apartó de mi camino!

—Ya, ya... Ya me hago cargo de que debía de ser algo muy importante.

—¿Importante? ¡Sensacional, hermano! ¡La huertana más sensacional, más estremecedora y más... prefiero callarme!

Sansón García chupó la última gota de anís.

—Y yo ahora... ¡hundido para siempre!

—No, hombre, no; no se amilane usted. Ya levantará usted cabeza.

—¿Yo? ¡Ay, hermano, cómo se nota que no se ha visto usted jamás en un trance semejante!

—Pues, no, la verdad es que no. Eso que le pasó a usted con la señorita Filita no es frecuente. ¡Ha sido un caso de mala pata!

—¡Y de tan mala!

—Es que, claro, eso de que a la novia le salga bigote... Bueno, bigote en forma, bigote de tío, es una mala pata. No me lo negará usted...

Sansón García no negaba nada. Con la vista fija en el vacío, se conoce que pensaba en Filita.

—¡Aleje usted esos pensamientos, hombre!

Sansón García, con un hilo de voz, susurró:

—¿Tiene usted para que pueda tomarme otro anís?

LOLA DE CÁNDIDO Y SEBO, TÍA DE UN SERVIDOR

Sansón García, después de contar lo de la mutación de «Saleroso», se quedó mustio, triste y como abatido.

—¡Qué misteriosas son las secretas razones del corazón!, ¿verdad?

—¿Eh? Perdone, estaba algo distraído.

—Nada; decía que qué misteriosas son las secretas razones del corazón.

—¡An, ya! ¡Uf, un horror de misteriosas! Hay razones del corazón que, no es que sean misteriosas, es que son misteriosísimas. Una tía mía de Betanzos siempre lo andaba diciendo.

—¡Curiosa y sabia tía! ¿Cuál era su gracia?

—¿Eh?

—¡Hoy no entiende usted nada! Digo que cuál era su gracia.

—¡Ah! Pues, Lola; su gracia era Lola.

—¿Lola?

—Sí, señor; Lola de Cándido y Sebo.

Sansón García se puso en pie de golpe. Su cuerpo se estremeció y los ojos empezaron a despedirle llamaradas, no se sabía bien si de ira o de lujuria.

—¿Lola de Cándido y Sebo, Lolita de Cándido y Sebo, de sobrenombre «Furriel», como se le decía en la intimidad?

—Sí, señor; ¿por qué?

—Por nada. ¿Y usted es sobrino de Lolita?

—Sí, señor, sobrino carnal; ¿usted la conoce?

—¿Que si la conozco? ¡Pero, hombre, por Dios! ¡Si Lolita y un servidor fuimos socios fundadores de «La sosegada penitencia», una sociedad limitada de pompas fúnebres que no nos hizo ricos de verdadero milagro!

«Reportajes Sansón» soltó una estruendosa carcajada.

—¡Ja, ja! ¡Y, además, por poco matrimoniamos! ¡Mire usted que si un servidor, a estas alturas, fuera tío de usted! ¿Y qué ha sido de Lolita? ¿Sigue tan emprendedora?

—Sí, señor.

—¿Y tan dicharachera?

—Sí, señor.

—Y tan...

—Sí, señor; también.

—¡Vaya, vaya! Ya lo dice el refrán: genio y figura, etc.

—Sí, señor; claro; genio y figura, ya se sabe.

Sansón García miró fijo para el cuentista de su vida y de sus milagros y avatares.

—¿Y qué hace ahora?

—Pues no sé, la verdad, no la veo desde hace más de tres años. La última vez que la vi se dedicaba a la física recreativa.

—¿A la física recreativa?

—Sí, señor, a la física recreativa; ¿qué malo tiene? Iba por los pueblos, como usted y como yo, y tenía bastante éxito con sus experimentos. Por lo menos, vivía bien y nunca le faltaban catorce reales para un litro de vino. Eso de la física recreativa, entendiéndolo, da para vivir bien. Lo que pasa es que hay que tener cultura.

—Bueno, ella siempre fue una mujer culta, en eso no haya queja; la verdad, amigo mío, la verdad de la buena, es que usted tiene una tía que tendrá sus defectos, ¿quién no los tiene?, pero como instruida, lo es un rato. Oiga usted, ¿y de amoríos?, ¿cómo va de amoríos?

—¡Ah! Pues muy bien, como siempre. Cuando yo la vi estaba en relaciones con el sacristán de Mazaterón, en tierras de Soria, un sujeto que tenía sus ahorrillos y que era muy versado en hierbas medicinales. Mi tía estaba tratando de convencerlo para poner un herbolario en Zaragoza.

—¿Y no tenía alguno más al retortero?

—Pues, hombre, mire usted, eso nunca se sabe; ya sabe usted que la gente es muy dada a habladurías. Los envidiosos, que nunca faltan, y más cuando se va viviendo con cierto desahogo, decían que si tenía que ver con el señor maestro.

—¿Tan alto picaba?

—No sé si picaba o no picaba; yo le digo el rumor.

—Ya, ya. ¿Y usted cree que ese rumor era fundado?

—Pues no sé. Un día se fueron juntos a cazar conejos, ya sabe usted que mi tía era muy aficionada a cazar conejos, y no volvieron al pueblo en dos meses.

—¡Hombre, eso es un dato!

—Sí, señor; eso dicen algunos. Yo, sin embargo, no creo que hubiese nada entre ellos. Yo, en estas cosas, no soy nunca desconfiado.

—No sé, no sé... En fin, no me quiero meter con la familia; estas cosas de las familias son siempre muy delicadas y vidriosas.

Sansón García miró para el techo para seguir hablando. Por el techo, en equilibrio entre dos vigas, una araña tendía su red de cazar moscas, y mosquitos, y polillas, y estúpidas mariposas atónitas y sin rumbo.

—Lo que yo siento es haber vendido a un gañán de Don Benito las fotos que hice a su tía Lolita. El hombre me compró hasta los clisés. ¡Aquello era un documento, amigo mío, un verdadero documento! ¡Si viera usted a su tía Lolita en diversas poses! En fin, más vale que no la pueda ver usted.

Sansón García sonrió, añorante, y de su mirar se fueron apagando, poco a poco, los misteriosos destellos, quién sabe si de ira o de lujuria, que lo habían adornado.

—En fin, ¿quiere que demos una vuelta?

—Como usted guste.

DOÑA FELICITAS XIMÉNEZ Y SMITH DE LA LIEBRE, PARTERA EN LEGANIEL

Los niños de primera comunión suelen ser muy lucidos. Algunos, cuando son mayorcitos, cascan y se van para el otro mundo. Otros, en cambio, se hacen peritos agrícolas, se buscan su media naranja y erigen un hogar. Esto de erigir un hogar está muy bien, ¿verdad, usted?

—Sí, sí.

—Pues eso. Esta fotografía que usted ve es muy curiosa. El garzón no cascó, pero tampoco se hizo perito agrícola. ¿Usted conoció a doña Felicitas, partera en Leganiel?

—No, señor.

—¡Ay, amigo mío! ¡Entonces no sabe usted lo que es bueno! Doña Felicitas Ximénez y Smith de la Liebre, de noble familia hispano-inglesa y partera en Leganiel, cerca de Tarancón, fue la madre del doncel que le muestro, el niño Jacobito, alias «Descuido», una criaturita que era talmente como un besugo hasta que se espabiló y empezó a dar que hablar. El tal Jacobito, cuando andaba por los once o doce años, pasó unas fiebres misteriosas que lo dejaron de color tirando a verde, y el indino, al verse como un lagarto, se conoce que se le revolvieron las tripas y sacó las intenciones de un miura. Su mamá, la doña Felicitas, le arreaba unas tundas que lo deslomaba, pero el nene, ¡que si quieres arroz, Catalina!, erre que erre y arre que arre, era cada vez peor y más mala uva, y no había manera de hacer carrera de él. «¡Ay,ay! — so-

lía decir doña Felicitas —. ¡Que este hijo me va a matar a disgustos!», y el hijo le respondía: «Sí, sí, a disgustos, ¡fíese usted y no corra!» En efecto, el Jacobito,
un día de su cumpleaños que estaba la mamá muy amable, se puso a jugar con ella a los ahorcados y en un
descuido, y cuando la pobre más confiada estaba, la colgó
de una viga por el cuello. La doña Felicitas, la verdad
sea dicha, no dijo ni mu. Cuando llegaron los vecinos exclamaron: «¡Qué horror, qué lengua más larga!» El señor juez ordenó el levantamiento, o el descolgamiento, de
la víctima, y aunque también ordenó la detención del
Jacobito, el Jacobito no fue habido. Se conoce que se alar-
mó y, para evitarse líos, prefirió poner tierra por medio.

—¡Qué bárbaro!

—Mejor sería decir qué desalmado. Al entierro fue el
pueblo entero, el vecindario en masa, como decía «Ofensiva», el periódico de la capital, y a la doña Felicitas le
hicieron unos funerales muy lucidos que pagaron entre
todos, por suscripción.

—¡Menos mal!

—Eso digo yo; menos da una piedra... El Jacobito,
como le iba diciendo, salió de naja y ésta es la fecha en
que todavía no se sabe si está vivo o muerto ni dónde.
Para mí que está en Francia. Estos pollos tarambanas son
muy dados a irse a Francia, a encenagarse en el vicio y
zambullirse en el bullicio. ¿Me oyó usted?

—Sí, señor.

—Pero, ¿me oyó usted bien?

—¡Hombre, bien, lo que se dice bien...!

—¡Ya decía yo que estaba usted distraído! Pues le
explicaba, y a ver si se entera como Dios manda, que
estos pollos tarambanas son muy dados a irse a Francia, a
encenagarse en el vicio y en el pecado y a zambullirse en
el bullicio.

—Eso del pecado no lo dijo usted antes.

—Bueno, pero lo digo ahora porque me da la gana.
¿Es que uno no puede decir lo que le dé la gana?

—Sí, señor, claro que puede. ¡Por mí!

—Pues eso, ¡hasta ahí podíamos llegar! ¿Quiere usted que le siga contando del Jacobito?

—Bueno.

—Pues el Jacobito, cuando un servidor lo retrató, era ya un poco atravesado y malaje, aunque no se podía ni sospechar que sus inclinaciones fueran tan perversas que llegaran a conducirle hasta el alevoso asesinato de su mamá. Tenía los ojitos color naranja y el pelito ralo, los andares ladeados y una pata algo más corta que la otra, pero, por lo demás, salvo que tenía dos filas de dientes, era un chico normal y corriente y moliente, un chico como todos los demás. De estatura no era muy cumplido, sino más bien al revés, vamos, quiero decir algo canijo. Como no era muy aficionado a bañarse, y, por otra parte, como aunque lo hubiera sido, en Leganiel, que es tierra seca, no hubiera tenido manera de demostrarlo, se revolcaba en el polvo de la carretera y, cuando venía un camión, se tumbaba a hacer el muerto como si tal cosa. Tenía mucho valor para eso y no se quitaba nunca. Los camiones, claro, se creían que la criatura estaba muerta de verdad y frenaban para no pisarlo.

—¡Qué aplomo!

—¡Más que aplomo! Cuando un servidor lo retrató, ¡quién hubiera podido decirle a un servidor el juego que iba a dar el Jacobito, alias «Descuido»!

—Oiga usted, ¿y por qué le llamaban «Descuido»?

—No pregunte, hombre, no pregunte; respete usted la memoria de doña Felicitas...

SANSÓN GARCÍA TIENE GANAS DE HABLAR

L A gente del bronce también es aficionada al noble arte
de la fotografía. Los toreros, los cantaores, los gui-
tarristas, etc., y sus señoras, gustan de retratarse los días
de fiesta, muy repeinados y delante de un telón moruno
que tengo ahí en la fonda, embalado, porque por aquí hay
menos gusto para el retrato, y que es lo que se dice una
verdadera maravilla. Representa una Giralda, algo más
finita, rodeada de pirámides y de palmeras, y me la pintó
un artista de Segorbe que se llamaba, porque ya se murió, Wenceslao Bata, alias «Sincronismo», apodo que le
puso el señor maestro, según decía, por ser muy puntual
y rendir culto al reloj. Por aquí debe de andar una foto
del Wenceslao. Sí, mírela aquí. Este tío es el Wenceslao.
¡Qué facha, eh! El Wenceslao era un artista muy autodidacta y muy corpulento, que andaba con unos conto-
neos muy marciales, casi de alabardero, y que se rizaba
el bigote con tenacilla. De joven había sido picador y en
los carteles se anunciaba con el nombre de «Vedrines»,
que era un deportista muy famoso. Una vez, en la plaza
de toros de Castellón, un morlaco con más malas intenciones que nadie, le tiró dos tarascadas que a poco más
lo despena. El médico, en la enfermería, puso muy mala
cara a los golpes y decidió que había que intervenir rápidamente. «Oiga usted, señor doctor — le decía «Sincronismo» —, la herida, ¿es de pronóstico reservado?», y el
médico, para no alarmarlo mucho, le respondió: «Sí, galán, de reservado con sofá.» El Wenceslao Bata, que era

hombre de redaños, cuando vio que la cosa iba de veras y que el señor doctor le iba a empezar a rajar, pidió una botella de anís, se la bebió sin apartarla de los labios ni para respirar, se santiguó y dijo: «Déle usted ya, maestro; la que sea ya sonará.» El Wenceslao tardó bastante tiempo en sanar, a pesar de que era de buena encarnadura y no tenía enfermedades, y, cuando se puso bueno, se retiró de los toros y se hizo artista autodidacta, esto es, como usted sabe mejor que yo, telonero y fallero. Sus telones para fotografías artísticas tenían fama por todo el reino de Valencia y aun por Cuenca y Albacete, y llegaron a pagarse a veinte y hasta a veinticinco duros. Lo que mejor le salía eran las Giraldas, las Alhambras, los Generalifes y las balaustradas, Las playas de moda, con bañistas y todo, y los salones, tampoco le salían mal, esa es la verdad. A mí, mi Giralda me costó barata porque salió del cané y porque, como el «Sincronismo» estaba en un mal momento, si no le cobre en especie me quedo con la cara, cosa que ya tenía antes. Si no estuviese tan empaquetada, se la enseñaba a usted. Le aseguro que es algo que merece, realmente, la pena, y que señores muy altos y de gusto muy depurado me la han elogiado mucho. Sin ir más lejos, un canónigo de Teruel que se llamaba don Sulpicio Liendre me dijo un día, en las fiestas de Calatayud: «Oiga usted, señor retratista, ¿por cuánto me vendería usted ese telón?» Un servidor no se lo quiso vender, porque el arte es el arte, ya sabe usted; pero eso de que le hubiera llamado la atención a un canónigo es algo que me reconfortó mucho. ¡A ver cuántos retratistas de los que andan por ahí pueden decir lo mismo! Delante de este telón, amigo mío, han posado gentes muy importantes y de alcurnia. ¡Ya lo creo! Bien. Pues, como le decía, «Sincronismo», o séase el Wenceslao, llevó desde entonces una vida muy aleccionadora y ejemplar, y, aunque hizo sus estraperlillos, como cada hijo de vecino, cuando se le terciaban a modo, ¡y quién no!, nunca tuvo cuentas con la justicia ni con la fiscalía. «¡Antes muerto que empapelado!», solía decir «Sincronismo», con gran sabiduría. «¡Para papeles me bastan con los míos, que son más bonitos y no llevan escudo!» El pobre «Sincronismo» fue a morir en Valencia, de una manera tonta. Paraba en una fonda del Grao, que le salía bastante económica y en la que se estaba bien, y un día que tuvo que ir a visitar a una señora de muchos perendengues, le dijo a la patrona que le preparase un baño, que él no quería desentonar. El Wenceslao se bañó y ojalá nunca lo hubiera hecho, ya que aquel baño, que era el primero de su vida, había de ser también el último. El Wenceslao, se conoce que con la impresión, perdió el sentido, se fue contra la bañera y, ¡zas!, se desnucó. Ya ve usted, un hombre que había luchado con la muerte en el redondel, ¡muerto en la bañera de una casa de huéspedes del Grao! A veces me da por pensar que no somos nadie, amigo mío, que no somos más que una porquería, ¡una gran porquería! En fin, no quiero entristecerle a usted...

Sansón García miró para el reloj.

—¡Qué barbaridad! ¡Si ya es la hora de la cena!

Sansón García se levantó y se fue a cenar.

—Adiós, hasta luego.

—Adiós, siga usted bien.

Sansón García estaba como extraño, aquella tarde. Sansón García no había dejado meter baza a su interlocutor. Sansón García tenía ganas de hablar, unas ganas violentas, abundantes, rebosadoras, de hablar.

VÍCTOR HUGO CASTIÑEIRA, EL BARBERO
VOLADOR

Sí, señor. Yo le digo a usted que si el barbero volador no se mata... ¡Ay, si no se mata el barbero volador! ¡El barbero volador! ¿Usted se percata? ¡Qué riñones! ¿Usted se da cuenta de lo emocionante que hace un barbero volando como un murciélago? El barbero volador era natural de La Estrada, en el reino de Galicia, y se llamaba Víctor Hugo.

—¿Víctor Hugo?

—Sí, señor, Víctor Hugo Castiñeira. Su papá era masón, ¿sabe usted?, y le puso Víctor Hugo para fastidiar al cura de su pueblo, que era enemigo de los franceses. «Si le pone usted Víctor Hugo, yo no lo bautizo», le decía el cura al papá de Víctor Hugo. «Bueno; pues si no le pone usted Víctor Hugo, el que no lo bautiza soy yo. ¡Usted verá!» Al final, el cura, que era menos resistente, cedió, y a la criatura le pusieron Víctor Hugo. Como la porfía fue larga, el Víctor Hugo se llegó por su pie a la iglesia cuando lo fueron a bautizar. Según me contó después, iba muy guapo con su bufanda nueva y una gorra de visera color café que le regalaron las señoras de la Junta de Damas.

—¡Iría muy bien!

—¡Ya lo creo! ¡Seguro que iba resplandeciente!

En la radio de la fonda estaban tocando eso de «al llegar el caballero a la puerta del jardín, va hechizado por los ojos que le miran desde allí».

—¡Qué bonito! ¿Verdad?

—¿El Víctor Hugo?

—No; la tocata.

—¡Ah, sí! ¡La mar de bonita!

Sansón García y su amigo se callaron un poco para oir mejor. Al cabo de un rato, Sansón García se arrancó.

—Pues, sí, señor; lo que yo le digo. ¡Si el barbero volador no se mata! Mire usted, las alas que inventó eran talmente como las de una bílula (1), sólo que mayores, y en vez de transparentes, tupidas, para que resistiesen más.

—Ya.

—El Víctor Hugo, que era muy mañoso, se las ataba al lomo con unas correas cruzadas y las movía con una manivela que llevaba puesta sobre la barriga.

—Ya.

—La manivela daba vueltas a un piñón de bicicleta y del piñón salía una cadenita fina que hacía girar dos roldanas que llevaba en los hombros, una en cada uno. ¿Usted me entiende?

La verdad sea dicha, el amigo de Sansón García y cronista de sus recuerdos no llegaba a entender del todo el mecanismo.

—Sí, sí, ya me hago cargo.

—Bien. Pues eso. Cuando las alas del barbero volador empezaban a batir los aires, aquello parecía como el fin del mundo. La gente rompía a gritar, las mujeres se deshacían en lágrimas, los niños huían y los viejos se apartaban de los cristales por si acaso. ¡Me acuerdo bien de la cara del Víctor Hugo momentos antes de emprender su hazaña, su «histórica hazaña», como decía el Paquito, un seminarista algo lelo que estaba de vacaciones! Mire usted, Guzmán el Bueno, pongamos por caso, cuando aquello de las Termópilas, no puso, seguramente, una cara tan solemne y tan de circunstancias.

—Ya, ya.

—El Víctor Hugo, momentos antes de lanzarse al es-

_____

(1) Sansón García llamaba «bílula» a la libélula; así acababa antes.

pacio, exclamó: «¡Noble pueblo de La Estrada! ¡Salud y República Federal!» Después hizo un gesto a su señora para que tirase de la cuerda que llevaba enganchada al cinturón, pero su señora, se conoce que horrorizada, no le hizo caso. Desde lo alto del campanario retumbaron las palabras del Víctor Hugo, y todos los asistentes al acto pudimos escuchar la conversación que tuvieron él y su señora. «¡Genoveva!» «¡Qué!» «¡Tira!» «¡Ay, no, Víctor Hugo, que te deslomas!» «¡Genoveva!» «¡Qué!» «¡Que tires!» «¡Ay, no, Víctor Hugo, que de ésta no sales!» «¡Genoveva!» «¡Qué!» «¡Que obedezcas a tu marido, te digo, y no seas pécora!» La Genoveva, entonces, se volvió de espaldas y dio un tirón a la cuerda con toda su alma. El Víctor Hugo se conoce que no tuvo tiempo de empezar a manejar su mecanismo porque cayó a plomo igual que una piedra. Por poco aplasta a su señora, que estaba más muerta que viva. Si el barbero volador no se mata, habría dado mucho que hablar, se lo aseguro a usted.

—Ya, ya... ¿Y se mató?

—Sí, señor, se mató, pero no de aquélla. De aquélla quedó mal herido; pero, como era hombre de carnes duras, pronto pudo reponerse. El Víctor Hugo se mató meses más tarde cuando estaba retejando el gallinero de la señora Lucrecia, la «Obispilla». El gallinero tenía menos de cuatro varas de alto, pero se conoce que el Víctor Hugo cayó mal, o lo que sea, y el caso es que el pobre se desnucó y se mató. ¡Ay, amigo mío, si el barbero volador no se mata!

—¡También fue mala suerte!

—¡Y tan mala, hombre, y tan mala!. ¡Si el barbero volador no se mata! En fin, como dijo muy bien el señor maestro, aquello fue una irreparable pérdida para la ciencia patria...

Los dos amigos enmudecieron de pena.

—¡Pero ésta es la vida, hermano, ésta es la vida! ¡Resignación!

—Ya. ¡Qué se le va a hacer!

En la foto de Sansón García el barbero volador Víctor Hugo Castiñeira y Ferrancheiro aparecía sonriente, bigotudo y lleno de vida. Las alas de su aparato semejaban las de una «bílula», sólo que, en vez de transparentes, eran tupidas para que resistiesen más.

LINCOLN, DARWIN & WILSON GARCÍA
COMPANY LIMITED

Como los hermanos García — Simeón, Donato y Cástulo — habían estado en La Habana, se mudaron el bautismo y la razón social. La verdad es que, bien mirado, hicieron bien, porque «brothers» suena a automóvil y, en cambio, «hermano» hiede a lego marista. Los nombres que se buscaron también eran sonoros y de gran prosopopeya cultural, Lincoln, o el libertador; Darwin, o el famoso científico que descubrió lo del mono; Wilson, o el pacificador. Eso de Simeón, Donato y Cástulo son nombres de pobre, nombres de hijo de familia con unas tierritas de secano que, la verdad sea dicha, no dan ni para salir de apuros.

—Oiga usted, amigo Sansón, ¿y no les trajo consecuencias eso de cambiarse de nombre?

—¿Consecuencias?

—Sí, vamos, consecuencias con los papeles, digo yo.

Sansón García y Expósito de Albacete, se sacó un ojo de cristal del bolsillo, un ojo verde lleno de venitas coloradas muy en carácter, y lo limpió en la bocamanga con un gesto de infinito desprecio.

—Usted, hermano, es de los que se ahogan en un vaso de agua.

—Hombre, no. Yo, verá usted, lo que digo es que si hay papeles será para algo. Vamos, ¡digo yo! A un servidor se le ocurre pensar que si la Guardia civil, pongamos por caso, pide los papeles y lee eso de Lincoln, lo más probable es que lo emplumen a uno por masón.

«Reportajes Sansón» soltó una estruendosa carcajada.

—¡Sonora!, ¿eh?

—Sonora, ¿el qué?

—Mi risa sarcástica.

—¡Ah, sí, señor! ¡La mar de sonora!

—Pues esa carcajada mía no es nada al lado de la que hubieran soltado los «brothers». ¿Sabe usted a qué se dedicaban? Mírelos usted bien, aquí en el cartón, a ver si lo saca por la cara.

El amigo de Sansón García, por más que se aplicó a mirar, no sacó nada en limpio.

—Pues no, yo no saco nada en limpio, ¡qué quiere! ¿A qué dice usted que se dedicaban?

Sansón García sonrió, esta vez ya casi con delicadeza.

—Pues mire usted, hermano: éste, el Simeón, o sea, el Lincoln, era perito en embalsamamientos y dejaba a los finados hasta de buen color.

—¡Ya es mérito!

—Sí, señor, y usted que lo diga. Este otro, el Donato, o sea, el Darwin, daba el salto mortal como muy pocos, sin poner las manos y, lo que es aún más difícil, sin darse contra el suelo. Una vez, en Matanzas, en la villa que dicen Hato Nuevo, dio un salto mortal tan loable, que los mambises quisieron hacerlo diputado.

—¿Y no aceptó?

—No, señor, porque era muy patriota. Este otro, el más pequeño de los tres, el Cástulo, vamos, el Wilson, tuvo mucha habilidad como espiritista y adivinador del porvenir. También sabía pescar tiburones, pero eso le daba más miedo. Lo que él decía: «Mire usted, los tiburones dan bocados; en cambio, las ánimas lo más que dan son sustos, y eso no siempre.»

—Claro.

—Y tan claro. Pues bien, los «brothers» García, cuando estuvieron en La Habana, pusieron una funeraria que se llamaba «La Betanceira». Si en vez de ponerle debajo «Pompas fúnebres» le hubieran puesto «Vinos y comidas», lo mismo hubiera servido, ¿verdad, usted?

—Verdad, sí, señor.

—Pues eso. «La Betanceira» les dejó una fortunita porque, la verdad sea dicha, daba un trato muy esmerado y muy higiénico, y la gente, claro es, estaba contenta y satisfecha. En esto de los negocios, cuando se atienden bien, en seguida se ve que prosperan y van para arriba. «La Betanceira» patentó unos ataúdes especiales, ataúdes «al flit» para evitar los molestos insectos, y las familias pudientes, cuando llegaba el momento de dar tierra a algún ser querido, siempre elegían los ataúdes «al flit», que eran de muy buen tono.

—Ya, ya.

—Después, cuando liquidaron las pompas, se vinieron a la madre patria y fundaron un grupo escolar en su pueblo, que se llamó «A la cultura por la fraternidad». Después, ya les perdí la pista. Se marcharon otra vez al extranjero, y yo no sé, pero para mí que han muerto, a lo mejor en un naufragio...

V

ANÁLISIS DE SANGRE

EL HOMBRE-LOBO

En el mapa de don Tomás López — edición «revisada y aumentada», por don Juan López, Madrid, 1816 — figura el reino de Galicia dividido en siete provincias, a saber: Santiago, La Coruña, Betanzos, Mondoñedo, Lugo, Orense y Tuy. A pesar de que el mapa es hermoso y de bien cumplidas proporciones — ochenta centímetros del Atlántico a la Sierra Segundera, por setenta y siete del cabo Ortegal al Miño —, en él no figura, más o menos en torno a Allariz, la aldea de Regueiro de Esgos, donde nació el buhonero sacamantecas Manuel Blanco Romasanta, el hombre-lobo de La Limia y de la Sierra de San Mamed.

Un besteiro de Rebordechao, Felipiño *o Tatelo*, terror de la cimarronería, mozo galán y tuerto, que tenía seis dedos en una mano, me contó una tarde en la taberna de mi tío Pedro, buen pescador de truchas, en Los Mesones del Reino, parroquia de Santa María de Carballeira, una historia de bosquecillos de acebos y meigas chuchonas, de trasgos saltimbanquis que hacían volatines por las praderas y de hombres que se convertían en lobos cuando la luna se les mostraba propicia.

Felipiño *o Tatelo*, que los domingos se tocaba de gorra de visera, llevaba en el bolsillo un amuleto que le daba la suerte cuando andaba a los caballos por la Tierra de Queyra, el lazo en la diestra mano y en la otra el látigo y la rienda.

Algunas veces se ponía el amuleto sobre el pecho, prendido con un imperdible, y entonces su memoria parecía como florecer y su voz era suave y fresca, igual que el agua de una fuente.

Aquel día, con su volvoreta de alas de oro al aire, Felipiño o *Tatelo,* que menos pronunciar lo hacía todo bien, estaba hablando como un ángel de Manuel Blanco Romasanta, el sacauntos.

Le pedí que me escribiese en un cuaderno algunas de las cosas que sabía, y el hombre, a las dos semanas, me mandó por un propio la historia y una carta, áspera y bella como la flor del tojo, en la que me explicaba que decía siempre «y entonces me metí por el monte», como si él fuera el sacamantecas, en vez de «y entonces se metió por el monte», porque le gustaba más y le había resultado más fácil.

La historia de Felipiño o *Tatelo,* casi entera, es la que copio a renglón seguido. De ella nada, sino la transcripción, me pertenece. Yo creo que es una historia que tiene cierta curiosidad. Hela aquí:

«Una vez, en el valle de Couso, andando a vender pañuelos, me atopé con dos lobos del Reino de Valencia, más allá de Castilla, donde nace otra vez la mar, que se llamaban don Jenaro y don Antonio.

Al verlos me dio como un temblor de alobado y, sin que sepa cómo, también me torné fiera del monte y con ellos anduve, juntos los tres, hasta una semana, y una vez que hubo de pasar, volvimos a cobrar la forma de persona, y entonces don Jenaro habló y me dijo:

—Buenos días, hermano, y que Dios nos coja confesados. Ya veo que eres tan desdichado como nosotros, como mi compañero don Antonio y como yo, que me llamo de nombre don Jenaro, y eso es que alguna maldición cayó sobre tu cabeza y ahora te encuentras con dos carnes que no distingues, la de cristiano y la de alimaña, con las que seguirás hasta que Dios quiera, o hasta que expíes tus culpas, o hasta que la justicia te prenda. Nosotros también, mal que nos pese, andamos pagando en vida nuestros pecados, pero, ¡ay!, que esto es el pozo de las maravillas, que más agua da cuanta más se saca, porque cuanto más pagamos más debemos, que las ganas de matar no se nos quitan y ya vamos perdiendo la cuenta de los semejantes que llevamos comidos.

—Pues sí, don Jenaro — le repliqué —, buenos días tengan ustedes. Mi nombre es Manuel y el don no me toca, que tengo escasas letras, soy de ruin cuna y vil oficio, y por mis pulsos no me gané más cosa que una maldición de mi padre, que es la que ahora me toca pagar.

Nos hicimos muy amigos, no sé si porque la desgracia ata o si por aquello de que de lobo a lobo no se tira bocado, y ya juntos marchamos por los montes cometiendo desafueros de los que, ahora que ya sané, estoy arrepentido y contrito.

Mis crímenes muchos fueron — tantos como las ramas del níspero — y sé bien que por mucha pena que la justicia me mande, de nada deberé quejarme, porque también fue mucho el mal que cometí.

Inducido por don Jenaro y por don Antonio, sin que con esto quiera descargarme, maté a la Manuela García, mujer con la que tenía un hijo, una noche en la que la luna me echó a lobo, en camino de llevarlos a Santander, donde ella había de ponerse a servir en casa de un amo cura. Campo adelante los llevé, hasta que en el paraje llamado Malladavella, al pie del bosque de acebos de La Redondela, me dio la furia, me volví loco y a los dos maté, comiéndome después una parte. Cuando me di cuenta de que me venía el ataque, quise gritar para que escapasen, pero don Jenaro y don Antonio, que ya tenían forma de lobo, me revolcaron por el suelo, arrancándome las ropas con los dientes, y yo ya no pude hablar.

Mucho tiempo estuve sin acordarme de nada — y para mí que la memoria no me volvió hasta que cesó la maldición, el día de San Pedro de 1852 —, pero ahora, que para mi desgracia veo todo claro como la luz, recuerdo que también maté a la Benita García, hermana de la

Manuela, y a su hijo Farruquiño, en el lugar que se llama Corgo de Boy, entre las Arrúas y Transirelos, el pueblo de donde era el ciego don Sibrán, que compuso coplas de crímenes que yo le vendiera por Castilla. El ciego don Sibrán tenía el pelo rojo como las barbas del maíz, y sus ojos, aunque estaban cegados por Dios, porque una vez siendo mozo hizo un sacrilegio, los tenía abiertos y de color azul.

A la Josefa García, hermana de la Manuela y de la Benita, y a su hijo José, también los matamos, de otra vez, en el camino de Correchouso, a la falda del monte Petada das Paredes, los dos en una noche de luna creciente, que era la peor. La Josefa, para hacerse al camino, vendió un carro que tenía, en ocho duros, una cerda en cinco y una vaca en dieciocho, y llevaba encima, y para nada le valió, una navaja de más de cuarta de largo, con las cachas blancas con chispas negras, que más tarde regalé al señor Cura de Rebordechao para que podase los rosales.

También, y también quiso su desgracia y la mía que acabase matándola, tuve amores con una moza llamada Antonia Rúa, madre de dos rapazas de nombre Peregrina y María. Las tres murieron al salir de Rebordechao.

Fue mujer, la Antonia, a quien mucho quise, y su muerte me hizo verter muchas lágrimas cuando volví a mi ser.

Ahora que ya nada tiene arreglo, quiero contar también, por si sirve de descargo a mi ánimo en el otro mundo, que también maté a una pastora de puercos en Chaguazoso, que se quedó sola en cuanto asomamos don Jenero, don Antonio y yo en forma de lobo; a una moza en el valle de Couso, entre Fradelo y As de Xarxes; a un rapaz en Prado Alvar, y a una vieja en Fornelos.

En el año 1852, casi cuando me volvió la razón, me despedí, en el mismo valle de Couso, de don Jenaro y don Antonio, a quienes gracias a Dios no volví a ver más en la vida; no sé qué rumbo habrán tomado. Desde el día de San Pedro de ese año, se me han quitado las ganas de matar y ya no he vuelto a convertirme en lobo. Que Dios disponga de mi ánima y que los hombres manden en mis pobres carnes.»

Y aquí termina la historia de Manuel Blanco Romasanta, según Felipiño *o Tatelo*, que la escribió sintiéndose el sacamantecas.

Anda por ahí otra, en verso, que se titula «Nueva relación y lastimoso romance reducido a manifestar al público de las muchas muertes ejecutadas por el reo Manuel Lobo, en el Reino de Galicia, cómo les abría y les sacaba el unto, y la justicia que se ejecutó con dicho reo el día 4 de agosto en la villa de Celanova en este año de 1853, con todo lo demás que verá el curioso lector»; pero ocuparse de las cosas hasta el final sería el cuento de nunca acabar. Además, con el reo no se ejecutó ninguna justicia, ya que, después de mil vicisitudes, murió por las buenas en el manicomio.

UN VERDUGO

Don José Fernández de la Hoz y Rey publicó en Madrid, en 1880, un libro muy bonito, titulado «Crímenes españoles», en el que recoge alrededor de una docena de asesinatos selectos, flor y nata de la barbaridad, espuma del garrote.

Don José, que además de Ministro de Gracia y Justicia, fue siempre un pensador, dice en el prólogo de su antología algunas sentencias morales dignas de Cicerón. Por ejemplo, que el mal es la piedra de toque para apreciar el bien; por ejemplo, que si todos los hombres tuvieran la misma estatura, no habría ni altos ni bajos; por ejemplo, que los crímenes célebres no sólo revelan las crueldades del hombre, sino que también dar a conocer, al mismo tiempo, los grados de civilización de un pueblo.

Don José también expresa, en el citado prólogo, sus ideas respecto a las causas y los efectos; hasta dónde llega la depravación de la mujer cuando es mala, lo revela la Manolita Bernaola, joven natural de Collado Mediano, que huyó de la casa paterna en brazos del estanquero Pérez Marrón, para acabar en garrote, a sus veinticinco años, al alimón con el espartero Cabezudo, su segundo novio; hasta dónde ofusca el delito, lo demuestra Paquiño Otero, joven natural de Guntín (Lugo), petimetre tarambana y borrachurcio, frecuentador de cafés, tabernas y buñolerías, que disparó contra don Alfonso XII, sin darse cuenta que por poco mata a la reina Cristina; hasta dónde la fatalidad preside, a veces, los acontecimientos de la vida humana, lo pregona bien claro el caso de Pedro Francisco Giner, esposo amantísimo, que no tuvo más remedio que pegarle un tiro a su señora; hasta dónde ciega la sed de venganza, nos lo dicen los hermanos José y Felipe Pardo, quienes al salir de presidio, empezaron de nuevo a hacer oposiciones al palo, donde murió el segundo — dejando en el testamento cuatro penas de muerte para quien las quisiera, ya que él con una, según decía, tenía bastante —, porque el primero tuvo la suerte de irse para el otro mundo por sus propios medios; hasta dónde el ser juguete de las pasiones puede conducir al crimen, nos lo enseña el triste caso del *Fraile Agonizante;* que se cometen atentados por fanatismo, nos lo revela el regicida Oliva; que se puede matar por dinero, nos lo demuestra Eugenio Montero, el del asesinato de la calle de la Justa, y, por último, que puede matarse por perversidad, lo prueban doña Vicenta Mendieta y su desdichado amante don Santiago de San Juan, joven irresoluto a quien animaron las palabras de su amor: «Calla, tonto, que a un millón nadie le ahorca».

El libro de Fernández de la Hoz es un libro por demás instructivo, ya que, en buena ley, nada aleja tanto la idea de hacer un crimen como el buen conocimiento, teórico y práctico, de cómo se debe hacer. Para los científicos — los alemanes o los escandinavos, por ejemplo — puede que no rija esto; pero para los pasionales o sentimentales — españoles, portugueses, sicilianos y demás subrazas del sur de Europa — sí rige, ya que cuando hacemos algún crimen lo solemos hacer «por probar» y con un absoluto desprecio de la técnica.

En este libro del señor Fernández de la Hoz fue donde el que esto escribe empezó a tomar· afición a estas cuestiones, tan emparentadas con la dialectología, la etnografía, la magia y el folklore, disciplinas que también practica. Este libro «Crímenes españoles» fue la primera piedra de una «Biblioteca de la sangre», que enorgullece a su propietario y que últimamente se enriqueció con el ensayo, en galeradas, titulado «Gregorio Mayoral, verdugo de Burgos», que había de publicarse en el número de julio de 1936 de la revista «Cruz y Raya», número que no llegó a aparecer. Este curioso y bien escrito ensayo, que aparece sin firma, lo donó al coleccionista el sabio erudito y bibliófilo extremeño don Antonio Rodríguez-Moñino.

El libro de Fernández de la Hoz debiera catalogarse, a efectos particulares, entre las que pudiéramos llamar *ciertas causas de una afición,* y aquí sí que el orden de factores altera el producto, ya que si dijéramos, en ver de ciertas causas, *causas ciertas,* ya no expresaríamos con claridad lo que queremos decir.

Sería curioso intentar — y así lo expresamos alguna vez, ya ni recordamos dónde — la elaboración de una «Historia del garrote», una de las pocas historias aún no escritas. En ella, si hubiese sentido común, además de sistematizar todo lo que al garrote se refiere, se procuraría hacer que el lector cobrase cierta manía a la pistola, la daga o el veneno, lo que, bien mirado, no estaría nada mal.

Nuestro particular amigo don Julio Gómez de la Serna nos ha proporcionado unos datos que hoy nos sorprenden, igual que sorprendería al lector del día de mañana toda la «Historia del garrote» desde el principio hasta el fin. Los datos a que aludimos fueron publicados en la revista «Mundo Militar» — número 34, de 31-XII-1908 —, y se titulan «Arancel para pagos de derechos al ejecutor. Plaza de Ceuta». Como se ve, los verdugos cobraban por arancel o según lo que hacían, como hoy los notarios, y no por un sueldo fijo, como la mayor parte de los funcionarios públicos: directores generales, catedráticos de Universidad, ingenieros de Obras Públicas, torreros de faro, etcétera. Los datos son de principios del xix, y copiados al pie de la letra, dicen lo siguiente: «Por ahorcar a uno, 150 reales de vellón; por cortarle una mano, 75; por descuartizarlo, 375; por cortarle la cabeza, 75; por colgarle de la horca el menudo y los cuatro cuartos, a dos pesos la pieza, 210; por freírle la cabeza, 75; por freírle la mano, 75; por colgar la cabeza en público, 30; por dar azotes, 22; por cualesquiera otra justicia, 22. Se le abonarán aparte los gastos de aceite, carbón y cazuela.»

Buceando entre libros, grabados, galeradas, folletos, notas y acotaciones más o menos emparentados con el garrote, uno se va dando cuenta de que las cosas, en general, más vale hablarlas que callarlas; por lo menos, se evitan los granos y los sarpullidos que salen de tragarse lo que se quiere decir.

Esa «Historia del garrote» de que hablamos sería, por lo menos en proyecto, algo así como los «Crímenes españoles», de Fernández de la Hoz, pero actualizados y objetivados; las conclusiones, de haberlas, debería sacarlas el lector por cuenta propia. Nada hay, según modernamente se ha demostrado, más antipedagógico que la moraleja.

Y en esta «Historia del garrote» habría también, ¿cómo no?, su capítulo de Gregorio Mayoral, quintaesencia de los agarrotadores, crema del verdugaje.

Gregorio Mayoral, que heredó la plaza de un verdugo que nunca mató a nadie, un verdugo de varita de mimbre, barba en punta y argolla a la oreja...

Esto de los verdugos es tema ya bastante trillado en la Literatura; de ellos se ha hablado mucho y se ha escrito otro tanto y en todos los sentidos. Los penalistas, los moralistas, los novelistas, etc., han dicho sobre los verdugos todo lo que han querido. Los historiadores, sin embargo, les han hecho, por lo común, poco caso, y han preferido casi siempre contar con pelos y señales dónde se bautizó un poeta ilustre, o con quién se casó un general victorioso, o si era artrítico o reumático un compositor afamado o un político turbulento. Después de todo, cada cual hace investigaciones históricas sobre lo que le da la gana.

A nosotros, en estas breves notas para la «Historia del garrote», nos interesan, como es natural, las vidas y las muertes de los verdugos y de los reos; si no, sería una Historia muy incompleta.

Como es fácil suponer, no vamos a dar en estas columnas unas referencias farragosas y prolijas sobre esto de si la pena de muerte está bien o mal, o sobre si los verdugos son unos hombres terribles o unos pobres piernas, o sobre si el garrote es mejor o peor que la horca o que el hacha o que la silla eléctrica. Éstos son puntos para ser tratados con más calma y extensión. Además, como en esto, igual que pasa con todo, la gente tiene ideas ya hechas y no íbamos a convencer más que a los que ya están convencidos, ¿para qué dogmatizar sobre cuestiones en las que ya todo el mundo tiene sus puntos de vista?

No. Aquí de lo que se trata es de divulgar algunos datos, a lo mejor no muy conocidos, sobre ciertas particularidades graciosas de algunos verdugos o de algunos delincuentes afamados. Hoy le toca el turno a Gregorio Mayoral Sendino, verdugo de Burgos y reformador de la técnica del garrote. Mecánico hábil y hombre enamorado de su oficio, introdujo tales modificaciones en el aparato, que hizo exclamar a su hermana, la Hilaria:

—En el que hizo mi hermano, la gente no sacaba la lengua; en el otro, en el viejo, sí que la sacaban.

Gregorio Mayoral nació, ¡también es buena broma!, un día de Nochebuena, el del año 1861, en el pueblo de Cabia, en la provincia y diócesis de Burgos. Cabia es un pueblecito de medio millar de habitantes, situado entre los ríos Arlanzón y Ausín.

El día que nació Gregorio Mayoral, en la misma casa, en la misma habitación y en la cama de al lado, murió su abuelo, el padre de su madre Jerónima Sendino. Puede el lector imaginarse la cantidad de cosas que podrían escribirse sobre la coincidencia. En el Pascual Duarte creemos recordar que hay algo bastante parecido.

La vida del niño, hasta que dejó de serlo y ganó por concurso la plaza de verdugo, fue como la de tantos y tantos niños y mozos españoles. Primero pastor, más tarde zapatero y después corneta en Zaragoza, sus días distaban bastante de levantar sospechas de que pudieran ser algún día historiados. En el regimiento donde sirvió llegó a cabo y a hacer las funciones del maestro de banda, que faltaba, pero no tenía una vocación decidida por la milicia, y en cuanto cumplió, se largó. Después, ¡bueno hubiera sido para sabido!, hubo de arrepentirse del mal paso dado, cuando supo de aquel compañero de chiflen que se marchó a Cuba, hizo carrera y murió, al cabo de los años y respetado por todos, de coronel de la Guardia Civil.

Al salir del cuartel, Gregorio Mayoral se metió a peón de albañil, y un día, mientras hacía una chapuza en una tienda que llamaban la de la Champesa, se enamoró de la criada, la María Arnáiz, santanderina, con la que se casó en la parroquia de San Lorenzo, en Burgos, poco antes de cumplir los veinticuatro años.

Por entonces le dieron una plaza de consumero o guardapuertas, hasta que pasó a cobrar los puestos en el mercado, al aire libre, de Rey Moro. La casa que ocupó de recién casado está en la calle del Hospital de los Ciegos y la gente la conoce con el nombre de la casa del verdugo.

Gregorio Mayoral llegó a verdugo quizás un poco con la esperanza de no tener que agarrotar a nadie jamás. Aunque después, en su vida profesional, dio el portante a más de medio centenar de personas, es posible que, cuando echó instancia, se acordara de su antecesor, que murió de viejo sin haberse estrenado como ejecutor.

La noticia de estar vacante la plaza se la dio un tal Mateo, el de la Audiencia, hombre enterado de todo lo que pudiera referirse a avisos, edictos y requisitorias. Gregorio Mayoral lo pensó un poco, pero pronto se decidió; con la suya fueron once las instancias presentadas. Los ciudadanos españoles que quisieron ser verdugos de Burgos fueron los siguientes:

1. *Gregorio Mayoral Sendino*, que decía en instancia, entre otras cosas, que creía reunir las condiciones que se precisaban.

2. *Hermenegildo Agüero Marcos*, auxiliar del ejecutor que fue de Burgos, según hacía constar en su escritura.

3. *Doroteo Osuna Ruiz,* a quien le venía de casta la vocación, ya que su padre había sido verdugo.

4. *José Ramón Martínez,* hombre de malos antecedentes, achulado y bebedor.

5. *Melquíades González Sebastián,* buena persona, pero cojo.

6. *Matías Conduela,* corneta y tarambana.

7. *Santos Morales.*

8. *Antonio Pereira.*

9. *Teodoro Sánchez.*

10. *Juan Lafuente López.*

Estos cuatro últimos parece más bien que eran gente gris y sin historial. El firmante de la instancia número once, cuyo nombre no pasamos a la Historia, se volvió atrás a tiempo y retiró sus pretensiones.

En realidad, la lucha por el puesto estuvo entre los tres primeros y mucha debió de ser la recomendación que llevaba Gregorio Mayoral, ya que, a pesar de ser el tercero de la trinca — que se presentó así: Agüero, Osuna, Mayoral — y no obstante tener, evidentemente, menos méritos que los otros dos, fue el designado como ejecutor de la Justicia, brazo de la Ley, etc.

En el ejercicio de su carrera tuvo una vida dilatada, ya que duró hasta 1928, ayer como quien dice. Su técnica fue buena; su sentido del deber, recto, y su aplicación, grande. Dio el pasaporte — como más arriba ya está dicho — a más de cincuenta semejantes, y apuntó siempre en un cuadernito el juicio que sus clientes le merecían: duro, bueno, blando, cobarde, etc.

Gregorio Mayoral, ya con su credencial de verdugo en el bolsillo, estuvo varios años dedicado a la holganza y a la buena vida, hasta que un día se estrenó y ya no dio descanso a la muñeca hasta la muerte.

Según todos los datos que hemos podido reunir, Gregorio Mayoral fue hombre, a más de cuidadoso y cumplidor, dicharachero y locuaz. Nuestro particular y admirado amigo Gonzalo Avello — quizás el más grande escritor español de temas culinarios de hoy — nos comunica, en una amable carta, la impresión que le produjo Mayoral cuando tuvo ocasión de tratarlo. «Con este hombre rebajuelo y regordete — dice Avello — tuve alguna relación. Cuando yo viajaba como ambulante de Correos a Irún, se me ocurrió un día, a uno de los subalternos, preguntarle por el verdugo. Era amigo suyo y a veces tomaban un café en la cantina de alguna estación o iban juntos a ver un partido de bolos. Un día me lo presentó, y en el momento de marchar el tren, el hombre, muy seriecito, me dijo que estaba a mi disposición y que había tenido mucho gusto en conocerme. Pasados unos meses, hubo unas ejecuciones importantes en Navarra (probablemente nuestro comunicante alude a las ejecuciones de Gil Galar y Santillán, o a las de los hermanos Goñi, todas en Pamplona) y allí fue Mayoral, con otro, que me parece que se rajó. Mayoral fue en el correo hasta Miranda y al tomar el tren nos saludamos. Él llevaba en unas alforjas la «escribanía» o, según el subalterno, los aparejos de firmar la sentencia. Al llegar a Miranda estuvimos charlando un poco y me dijo que él había humanizado el artefacto.»

Efectivamente, Mayoral tuvo siempre la preocupación de mejorar el aparato — ya lo decía su hermana, la Hilaria — y fue en su primera ejecución, la de su amigo el cabo Bezares, cuando empezó a pensar en ello. Al pobre Bezares lo agarrotaron todavía con una palanca de las de tirón, que resultan muy incómodas tanto para el verdugo como para el reo.

Mayoral introdujo la rosca de gran avance, con lo cual la muerte es instantánea. Bezares, que no alcanzó ese perfeccionamiento, tardó en morir, por lo menos, el tiempo que los espectadores hubieran tardado en fumar un pitillo — esto es, diez minutos —, y Mayoral, que acabó sudando y derrengado (parte por el esfuerzo y parte por la emoción de agarrotar a un amigo), pensó que a aquello había que ponerle coto. Sólo desterrando la anticuada palanca de tirón pudo ser verdad el sabio aforismo de Mayoral: sentados, todos los hombres son iguales.

Con el cabo Bezares abrió Gregorio Mayoral su historia profesional y un cuadernito de notas, que siempre llevaba encima, en el que apuntaba el tajo ya cumplido. Este primer asiento, copiado a la letra, dice así: «Número 1. — 5 mayo 1892. Miranda de Ebro. Cabo Bezares. Observaciones: Muy duro.»

Naturalmente, al lector menos avisado se le hará patente que la sola enumeración de los servicios de Gregorio Mayoral, aun no más que muy brevemente glosados, ocuparía muchas páginas. Nuestra intención aquí, como salta a la vista, es muy diferente, y tan sólo intentamos dar una ligera semblanza del hombre considerado como el Franklin de los verdugos contemporáneos.

Hombre de decidida vocación, Mayoral inventó también una uña o pestaña para sujetar el tornillo, y de él puede decirse que fue un revolucionario de la técnica de agarrotar. Como gustaba de marchar sobre seguro, no introducía, con carácter definitivo, sus innovaciones hasta que las tenía ya muy experimentadas. Los experimentos los hacía con gatos, de noche y en su propia casa, lo que debía constituir, realmente, un espectáculo sobrecogedor, mezcla de risa histérica, de brujería, de rijosidad y de espanto.

El año que más trabajo tuvo Gregorio Mayoral fue el de 1900, en que apioló a seis reos y tuvo que buscarse un ayudante, el único aprendiz que tuvo en su vida, un sujeto apodado el Gato, que después acabó en dependiente de droguería.

El cliente con más redaños que se echó a la cara Mayoral fue Angiolillo, el que mató a Cánovas, sujeto que mereció el calificativo de muy valiente en las observaciones de Mayoral. Angiolillo era hombre muy tranquilo y con él fue con el único con el que Mayoral, como prueba de respeto, colgó su gorra de la manivela de la máquina. Angiolillo, uno de los escasísimos condenados a muerte que dio, sentado ya en el taburete, las pulsaciones normales, le preguntó:

—¿Cómo me pongo?

Mayoral lo acomodó y apretó la manivela. ¡Qué tío!.

Las notas que ponía Gregorio Mayoral al comportamiento de sus ajusticiados son, a veces, un tanto extrañas, como la de «muy cristiano» que puso a un condenado de Puebla de Trives. Por lo común, abundan los flojos y los cobardes, aunque no falte algún que otro valiente. «Bien», hay algunos, y el «muy decidido» o el «muy arrepentido», aparece de cuando en cuando.

El estilo de Gregorio Mayoral parece ser que era bueno, aunque el tipo no le acompañaba, y su gesto al empujar la manivela con el hombro, a la media vuelta, casi como los organilleros con el codo, unido a un movimiento del mentón en el momento cumbre, no ha sido todavía superado por nadie.

Su compostura fue siempre grande, como su seriedad, y no escatimó nunca al reo los instantes que cada cual quiso tomarse para sentarse mejor o para decir algo. Con uno de los últimos bandidos españoles — Demetrio Fernández, *el Gallego,* ajusticiado en Burgos el 16 de enero de 1904, y que mereció la alta calificación de valiente — fue toda una conversación la que sostuvo. Estando ya atado al palo, *el Gallego* le dijo a Mayoral:

—Espérate un poco.

Y volviéndose al director de la prisión, le dijo:

—Pido a usía que me suelten las manos un minuto.

El director hizo una seña a Mayoral y Mayoral soltó las manos al *Gallego,* quien sacó un pañuelo de seda del bolsillo y se lo puso alrededor del cuello.

—Es que eso está muy frío.

«Eso» era el corbatín de hierro. Verdaderamente, en Burgos, en enero, de madrugada y en semejante trance, debe de estar todo bastante frío.

Gregorio Mayoral no supo qué contestar. *El Gallego* volvió a juntar las manos y añadió:

—Dale cuando quieras.

A los reos los trató siempre lo mejor que pudo — sin salirse del oficio, claro es —, aunque en ocasiones los reos perdieran la compostura y mordiesen, como aquella joven que despachó el año 99 en Cervera del Río Alhama.

¿Y para qué seguir? El breve bosquejo que quisimos hacer ya queda dado — no sabemos si mal o bien — con estas líneas. Seguir sería un poco el cuento de la buena pipa. Las anécdotas no faltan, y desde *el Chato Doble* hasta Navarrete, pasando por Aznar y Cirujeda y por el pobre Daniel Ayala, son muchos los tipos de la triste historia, esa fuente jamás seca.

De Daniel Ayala — y va de punto final — dio la Prensa burgalesa esta sentida nota necrológica: «Con motivo de haber sido ajusticiado el reo Daniel Ayala, se han visto muy concurridos los paseos y establecimientos de esta capital.»

Quizá Daniel Ayala — cuando tuvo que estirar el cuello porque el garrote le venía un poco grande — no hubiese pensado nunca en que algún día habría de ser capaz de llenar los paseos y los establecimientos de la capital.

ALGO SOBRE DAMAS BRAVAS

L A leyenda de los hechos de sangre guarda recuerdo de algunas damas bravas, duchas en el manejo de la escopeta o del hierro, que nada tuvieron que envidiar, de cierto, a los varones más avezados en el difícil arte de mantener la vida, como en equilibrio, sobre el filo de la navaja.

Un alma caritativa, de las que nunca faltan, nos puso en la pista de una bella y aleccionadora colección de romances de ciego en los que se relata, a limpio golpe de ripio, las hazañas, todas de primer orden, de una punta de damas que se ganaron su sitio en la historia vertiendo la sangre del prójimo.

Entre estos romances hemos buscado, para poder ofrecer al lector paciente y gustoso un florilegio de hembras criminales, buitres con saya y gordas culebronas que no se pararon en barras.

Parte de lo mejor de nuestro hallazgo (que hallazgo fue para nosotros y no sabemos si para alguien más) es de lo que, a renglón seguido, queremos hablar.

I

SEBASTIANA DEL CASTILLO

La joven Sebastiana, que murió de veinte años no cumplidos, nació en Javalquinto, un pequeño pueblo de Sierra Morena, y fue un típico Pascual Duarte, un ser hecho para atropellar y destrozar todo lo que oliese a vivo.

El caso fue que la joven, que vivía sola con sus padres, porque sus dos hermanos se habían casado, acordándose de aquello de que el casado casa quiere, tenía un novio, Juan González del Pino, que no era visto con buenos ojos por la familia de la chica. Los padres la zurraron y la encerraron en la sala, donde la tuvieron un año, y Sebastiana, un buen día, tomó la determinación de cortar por lo sano y escribió una carta al mozo proponiéndole la fuga, avisándole de que fuese a buscarla a una hora determinada y previniéndole de que llevase armas, por si acaso. El Juan González, amador rendido, no sabiendo bien dónde se metía, cumplió al pie de la letra los deseos de su novia y se presentó en la casa armado con dos pistolas, una escopeta y un cuchillo de dos filos: casi lo bastante para levantar una partida y armar la marimorena.

Sebastiana le abrió la puerta, tomó las armas y, ni corta ni perezosa, se fue a la habitación de los padres y los mató de media docena de puñaladas a cada uno. La madre, mientras su marido expiraba, pidió clemencia a su hija, pero ésta, que no se andaba en rodeos, le dio el mismo trágico fin.

Enloquecida por el caliente correr de la sangre y ante los ojos del pobre Juan, que estaba atónito de miedo, les sacó los corazones, los frió y se los comió, momento que eligió el novio para caer al suelo desmayado, y aún nos parece que aguantó de más. Sebastiana, al verlo en tierra, lo mató también — y ya van tres —, se vistió con sus ropas, sacó un caballo de la cuadra y se echó al monte, como suele ser costumbre: igual que el torero Tragabuches, uno de los siete niños de Écija.

Sus dos hermanos la siguieron el rastro y ojalá nunca lo hubieran hecho, porque Sebastiana, que los vio venir, les disparó desde una cueva donde estaba guarecida con otros dos bandidos y los derribó. Los dos bandidos armaron una buena bronca — porque no es buena ley de bandolero de los caminos matar cuando se puede pasar sin ser visto —, y la joven, que tenía una fuerza descomunal, les hizo correr la misma suerte que a sus hermanos, y ya van siete.

En el delirio ya, Sebastiana cortó las cuatro cabezas y con ellas envueltas se fue hasta Ciudad Rodrigo, en cuya plaza principal las colgó con un letrero en el que trataba de explicar las razones que había tenido para hacer lo que hizo. La gente, que cuando se asusta no atiende a razones, dio cuenta al corregidor; éste movilizó a sus ministros — los guardias de hoy, poco más o menos — y todos juntos emprendieron la caza de la joven, que al fin cayó, de una pedrada que le pegaron en los pechos, pero no sin llevarse antes por delante a dos alcaldes de barrio, y ya van nueve, y a seis ministros, y ya sumamos quince víctimas.

Don Pedro Jacinto, el corregidor, la mandó encerrar cargada de grillos — porque no era carne como para andarse con bromas —, y a los tres días la juzgaron, la condenaron a muerte y la ajusticiaron. Nadie, realmente, llegó a creer que se había cometido una injusticia o un ultraje al bello sexo.

Ante el patíbulo, Sebastiana del Castillo se mostró arrepentida y murió confesada y con el ánimo abatido. Menos mal.

Y ésta es, lector benévolo y amigo, la primera historia que os ofrecemos de una suerte de cien, de la que sólo vamos a dar dos, que más hubiera valido que no se viviesen. Pero las cosas son como son y a nosotros no nos toca más que mirarlas.

Y para terminar, pidamos, como en el romance, por Sebastiana del Castillo, que buena falta le hará, y por nosotros.

Dios le dé eterno descanso
en su santo Paraíso,
y a nosotros nos dé gracia
por los siglos de los siglos.
Amén.

Respetuosos con la preceptiva literaria, como con todas las instituciones, creemos que los relatos de este género deben empezarse, como corresponde, con los versos de ritual, y por eso, a continuación del título nos soltamos el pelo, y tiramos de ristra de romances como si nos halláramos, igual que tantas otras veces, ganándonos el duro y difícil pan del vagabundaje, ¡que Dios bendiga!, en la plazuela de cualquier pueblo de olmo viejo, negro puerco, sacristán redicho, mula torva y médico librepensador.

Perdón por la licencia, y que la bonanza rice nuestras velas y la escondida fuente surja cuando la busquemos.

II

MARGARITA CISNEROS

Sagrada Virgen María,
Antorcha del Cielo Empíreo,
Hija del Eterno Padre,
Madre del Supremo Hijo
y del Espíritu Esposa,
pues con virtud y dominio
en tu vientre virginal
concibió el ser más benigno,
y al cabo de nueve meses
nació el Autor más divino
para redención del hombre,
de carne humana vestido,
quedando tu intacto seno
casto, terso, puro y limpio.
Una vez en Tamarite,
en el Reino de Aragón,
la Margarita Cisneros...

Esta joven natural de Tamarite, como decimos, en el reino de Aragón, no le fue a la zaga a la Sebastiana, y aunque menos cruel, no fue menos desgraciada ni por eso dejó de morir en garrote vil, como le correspondía.

Su padre, sujeto que atendía por don Felipe, la obligó a casarse contra su voluntad, en la ciudad de Lérida, y ella, que tenía su corazón puesto en un labrador honrado, que había sido su amante, afiló el puñal y, ni corta ni perezosa, ni sentimental, ni preocupada por el qué dirán, una buena noche, a las nueve, mató a su marido y, ya de paso, a su novio, al que achacaba — con ese pintoresco razonar de las amadoras bravías — que había tenido la culpa de todo. El labrador honrado y el marido se fueron para el otro mundo, y ella, vestida de hombre y a caballo, cogió un trabuco y se echó al monte.

En el monte tuvo varios encuentros de los que siempre salió bien, dejando en el camino a sus perseguidores, hasta que se le volvió el santo de espaldas y empezaron las calamidades.

Margarita Cisneros, que tenía el espíritu generoso de los bandoleros, hizo también sus buenas acciones, y cuentan los ciegos que una vez, en descampado y a plena noche, se encontró con una señora que caminaba con dos criaturas de la mano, y que, descabalgando, los atendió dándoles pan, carne y vino, entre las agradecidas lágrimas de la dama y el cariñoso besuqueo de los infantes.

Pero las cosas empezaron a venir mal dadas, y al final, después de luchar denodadamente con el trabuco en la mano y el retaco en la cintura, se le reventó el naranjero llevándole una mano, y los civiles, que ya le habían metido tres tiros en el cuerpo, cargaron sobre ella y la prendieron. Debieron ser momentos de una gran emoción.

Lo que vino después es ya fácil de imaginar: el juicio, el fiscal que pide para ella la infamante muerte de garrote vil, el tribunal que la concede, las autoridades que la confirman, la capilla, el arrepentimiento y la confesión, el verdugo, el patíbulo, el público que ruge, la familia del marido en primera fila frotándose las manos y, ¡zas!, la manivela que da la vuelta. Lo de siempre sobre poco más o menos.

La pobre Margarita Cisneros pasó a mejor vida, a seguir expiando sus muchas culpas, y la gente, poco a poco, se fue marchando camino de sus casas a desayunar.

El espectáculo debió ser triste: un agarrotado sin pantalones es como una niña sin amor o un jardín sin flores.

> Lejos, sonó el campanil.
> Tocó el diablo a convite,
> y `es señalada entre mil,
> la joven de Tamarite.

> Con una hopa amarilla,
> jineta en asno ruin,
> la Margarita Cisneros
> marcha hacia el garrote vil.
> Funcionarios y señoras,
> menestrales y gamberros,
> hacen el coro final.
> El verdugo empina el codo
> para no marrar el golpe.
> Van rastreando los perros
> el rastrojo de la muerte.
> ¡La Margarita Cisneros
> no fue una chica de suerte!

VI

EL COLECCIONISTA DE APODOS

E<small>L</small> coleccionista de apodos, al hombro el fardalejo de las buenas intenciones, al costado la bota de vino áspero de Cebreros, ha caminado este verano por tierras de Ávila, de Toledo y de Madrid. En un cuaderno ha ido apuntando, cuando ha podido, los apodos de los pueblos, los motes de los que viven en un mismo pueblo, el sucedáneo habitual de los gentilicios. Ahora, de vuelta ya a su cuartel de invierno, ha recontado alrededor de los setenta nuevos apodos, nuevos para él, que no había encontrado anteriormente. Quiso poner algo de orden en sus notas, pero sus notas, con una obstinación y una rebeldía ejemplares, no se dejaron ordenar. El coleccionista de apodos hizo varias listas, que después se le antojaron poco eficaces: una lista por orden alfabético de pueblos, otra por orden alfabético de apodos, y otra por provincias y partidos judiciales. Las listas, la verdad sea dicha, no le sirvieron para mucho; tampoco, eso es cierto, perdió del todo su tiempo al hacerlas; por lo menos, le valieron para ir tachando los motes que encontró en el folleto de Vergara «Apodos que aplican a los habitantes de algunas localidades españolas, los de los pueblos próximos a ellas» (Publicaciones de la Real Sociedad Geográfica. Madrid, 1918). Quién sabe si, a lo mejor, los apodos que fue encontrando el coleccionista ya están apuntados en otro libro que ande por ahí y que no conozca; después de todo, el coleccionista, cuando se echó a andar, no llevaba el propósito de preparar ninguna tesis doctoral. Cuando el coleccionista de apodos — que es más bien un aficionado, y que eso de las fichas, los censos y las recensiones se le da bastante mal — se encontró con que no sabía lo que hacer con sus nombres, sacó el mapa del macuto y escribió al lado de cada pueblo el apodo que le correspondía, y entre estos apuntes y su memoria pudo ir reconstruyendo todo lo que en el viaje aprendiera.

Al salir de Madrid, allá en los últimos días de junio, el coleccionista se encontró con un mal nombre, el nombre de *ladrones,* que dan, a lo mejor, para que caiga en verso, a los de Torrelodones; algún poeta de los caminos se inventó una copleja que dice: *Torrelodones: veinte vecinos, cuarenta ladrones.* No es fácil saber, yendo de paso, lo que en ella haya de verdadero; al coleccionista de apodos, en Torrelodones, lo trataron bien; también es cierto que procuró no molestar, que recogió del suelo a un niño caído de una tapia, que sajó a una vieja un grano maligno que le había salido en el cogote, y que no intentó enamorar a ninguna moza, aunque mozas enamoradoras no faltaran, saltándole al paso como pollos de perdiz en tiempo de veda. En una posada le dijeron que a los de Toledo les llaman *los del bolo y los del hueso dulce,* y le explicaron también que los albaricoques toledanos tienen el almendruco como la almíbar; quien le instruía — un arriero de Covarrubias, en Burgos, el pueblo de los *racheles* — le aseguró que a los de Valladolid les llamaban *pintores, alubieros,* y *los de Pucela,* cosas que les parecían bastante mal, y que a los de Barajas de Melo, en tierras de Cuenca, los conocían por *pepineros,* porque los pepinos de su término son dulces y hermosos como los de ningún otro. Como para dar mayor fuerza a la cosa, a la mañana siguiente el arriero, mientras daba de beber a las mulas, se puso a cantar un cantar que decía:

En Barajas, pepinos;
en Belinchón, sal;
y en Tarancón, borrachos
nunca faltarán.

Anduvo días más tarde el coleccionista de apodos por tierras del Guadarrama, por el lado de la provincia de Madrid, y apuntó que a los de Collado Mediano les dicen *collarejos;* a los de Cercedilla, *parraos;* a los de Becerril de la Sierra, *churros;* a los de Guadarrama, *enredapueblos;* a los de Robledondo, *albarcazas;* a los de Navacerrada, *cerrudos;* a los del Escorial de Abajo, *caciques,* y a los del Escorial de Arriba, *gurriatos.* Bajando del Escorial a la cuña que mete la provincia entre las de Ávila y Toledo, se encontró nuestro coleccionista de apodos con que a los de Zarzalejo les llaman *caribes,* y a los de Valdemaqueda, *ahumados* (igual que a los del Espinar, en Segovia), porque a setenta kilómetros de la capital de España no tienen luz eléctrica y se alumbran con teas de pino, que dan un humo espantoso, y también *pegueros,* en recuerdo de que en el pueblo hubo en tiempos varias destilerías de pez de la resina. Más al sur, se topó con Fresnedillas de la Oliva, donde viven los *jarondos;* con Valdemorillo, donde están los *cogochos,* y con Navalagamella, el pueblo de cuyos habitantes dicen los de los pueblos de alrededor:

> *Navalagamella:*
> *según son ellos, son ellas.*

El coleccionista de apodos pensó, a su paso por Navalagamella, en la fuerza del consonante y recordó que por la llanura de Cuenca, bajando de la Alcarria de Guadalajara, oyó decir que:

> *De Leganiel,*
> *ni ella ni él.*

A los de Navas del Rey vio que los llamaban *talegueros,* y a los de San Martín de Valdeiglesias, *pinches,* porque, según le aseguraron en Cadalso de los Vidrios, el pueblo de los *soplones,* son muy estirados y presumidos y se creen de Madrid. A los de Cenicientos, algo más abajo, en un cruce de carreteras, les llaman *corunchos* y *pa-*

tanes, y a los de Chapinería, *titiriteros,* porque después de
las faenas del campo se largan por los pueblos de Castilla a tocar el cornetín, dar saltos mortales y hacer equi-
librios en el alambre. Allí le dijeron que a los toledanos
de Almorox les suelen decir *huecos;* a los de Nombela,
fanfarrias; a los de Pelahustán, *pelacucos* y *cuquillos;* a
los de Los Navalmorales, *chocolateros;* a los de Navaher-
mosa, *atravesados,* y a los de Los Navalucillos, *brujos* y
golosos, porque, según se dice, un año cambiaron al Cristo
por una carga de higos.

En San Martín de Valdeiglesias, el coleccionista de
apodos descansó un par de días o tres y encontró a la
gente afable, cariñosa e incluso lista; no notó que presu-
mieran mucho y sólo se topó con un chico guapo, que
tenía el pelo rizado y se llamaba Gerardo, y que andaba
muy derechito, con un terno verde y un sujetacorbatas
de latón que representaba un futbolista; los demás le pa-
recieron corrientes.

En esto de los apodos, el coleccionista se dio cuenta
bastante pronto de que no hay lo que pudiéramos llamar
una excesiva buena fe. Los apodos los ponen, por lo común, los de los pueblos de al lado, y los de los pueblos
de al lado, ya es sabido, no suelen tener las entendederas
despiertas para las buenas cualidades, que a veces las
hay, de quienes viven a dos leguas monte arriba o a tres
ladera abajo. Como decía don Romualdo — un cura alca-
rreño versado en truchas, en aves viajeras y en aguas mi-
nerales, con quien hizo buenas migas el coleccionista en
otra descubierta —, los hombres somos malos, aunque nos
creemos siempre mejores que el vecino.

Don Romualdo le dio al coleccionista bastantes apodos
de la Alcarria, la mayor parte de ellos ya recogidos en el
folleto de don Gabriel María; dos motes nuevos fueron
el de *lañas,* que dan a los de Gargolillos, y que en la lengua del país quiere decir tanto como ladrones, y el de
las de la romana, que cuelgan a las mujeres de Trillo porque tienen fama de desconfiadas y acuden al mercado
cada una con su romana al brazo. El pueblo de Trillo,

aunque ahora se defiende algo más vendiendo sus cosas a los leprosos del balneario de Carlos III, tiene fama de pobre, y por el contorno corre un cantar que dice:

> *En Ruguilla nació el hambre*
> *y a Sotoca fue a parar:*
> *la agarraron los de Trillo*
> *y no la pueden soltar.*

Desde San Martín de Valdeiglesias, el coleccionista de apodos cruzó la raya de Ávila, se acercó hasta Cebreros y allí acampó; de Cebreros ya habló en otras ocasiones, que piensa que tampoco habrán de ser las últimas. En este pueblo oyó algunas coplas que le enseñaron mucho; una de ellas dice:

> *En Navalperal, «coritos»;*
> *en El Hoyo, «piñoneros»,*
> *y un poquito más abajo,*
> *los «babosos» de Cebreros.*

En otra copla, los dos últimos versos los sustituyen por estos otros dos:

> *y en Las Navas del Marqués,*
> *«estudiantes» y «gallegos».*

A los de Las Navas los llaman también *sogueros*, y a los del Hoyo, que es el Hoyo de Pinares (porque hay varios pueblos que se llaman igual), les dicen algunas veces *galápagos;* el nombre de *piñoneros* tiene una razón de ser bastante clara: la riqueza del pueblo es el pinar, y los del Hoyo, mientras recogen los piñones, que no es ciertamente una industria como para echar coche, se encuentran en el mejor de los mundos y orgullosos de su pueblo, al que piropean al cantar:

> *Soy del Hoyo, soy del Hoyo,*
> *soy de la rica ribera*
> *donde se fabrica el oro,*
> *la azúcar y la canela.*

Realmente, hay optimismos heroicos, ejemplares.

Con su cuartel en Cebreros, el coleccionista de apodos se especializó en la provincia de Ávila, en donde llegó a encontrar, buscando un poco, aunque sin molestarse demasiado, quince o dieciocho motes de pueblos diferentes. Su lista, por orden alfabético y quitando los ya dichos, es la siguiente: La Adrada, *pelones;* Arenas de San Pedro, *esculaos;* Ávila, *caballeros,* y ya iba siendo hora de no insultar; El Barco de Ávila, *portugueses;* Casillas, *jabatos* y *gigantes,* porque andan todos por la vara y media de estatura; Escarabajosa, *boleros;* Gavilanes, *pecicuelgos,* que significa tanto como calzonazos, o infelices, o pobres hombres, adjetivo que no les parece mal, puesto que tienen una canción que dice:

> *¡Viva Pedro Bernardo!*
> *¡Viva Mijares!*
> *¡Vivan los «pecicuelgos»*
> *de Gavilanes!*

En el Herradón están los *rabones* o *rabonceños;* en Navalacruz, los *cuadrados;* en Navaluenga, los *pescadores,* que, según el refrán, pescan hasta culebras; en Navaldrinal, los *baldaos;* en Navarredondilla, *los de la morcilla;* en Piedrahita, *los pitacios;* en San Bartolomé, *los bartolos;* en Santa Cruz de Pinares, *los burelos,* a quienes también algunos llaman *coruñeses;* en Sotillo de la Adrada, *los orugas,* y en El Tiemblo, *los queridos,* así llamados porque son muy finos y cariñosos, y en la conversación siempre andan diciendo: *Hola, querido. Adiós, querido. ¿Qué tal estás, querido? A ver si te dejas caer por aquí, querido.*

Por todos estos pueblos corre una copla que no es, precisamente, un canto al cuerno de la abundancia:

> *En Escarabajosa*
> *no tienen cosa.*
> *Los del Sotillo*

un poquillo,
y los de la Adrada,
nada.

En Cebreros y en otros pueblos de cerca, el coleccionista de apodos se encontró con gentes muy varias que le confirmaron nombres ya conocidos, y aún pudo apuntar uno nuevo cuando un tratante de ganado que vino con su suegro — *mi señor*, decía él según la costumbre de su país — detrás de un caballo cuatralbo que fue a aparecer cerca de la ermita de la Virgen de Valsordo, le dijo que a los de su pueblo, Valverde del Majano, en la provincia de Segovia, les llamaban de tal guisa, que todo parecía indicar que las aguas que bebían estaban llenas de esos microbios que allá por los rigores del estío sueltan los vientres sin consideración (1).

Al coleccionista de apodos le preocupó bastante la idea de que la mayor parte de ellos eran como para no ser ni mentados a quienes correspondían y, con este pensamiento en la sesera, estuvo durante varios días dándole vueltas a un ensayo que, al final, para bien de todos, acabó no redondeando.

Estos temas, en los que siempre se saca la conclusión de que somos muy brutos, son temas que le gustan algo, tampoco demasiado, al coleccionista de apodos, pero no tanto como para hacer de ellos una ciencia, ni mucho menos. Cada uno resbala por donde camina y además las cosas deben dejarse en su punto y no andar con ellas llevándolas y trayéndolas de un lado para otro y sin ton ni son.

Un amable taranconero, don Félix-Manuel Martínez Fronce, que es un señor que hace las tildes de la i igual que el poeta Pérez Valiente, como una bolita hueca, ha escrito una larga carta, casi un artículo, al coleccionista

(1) *N. del E.*   El autor nos ha aclarado que el apodo de los de Valverde del Majano es el no muy fino de *cagones*.

de apodos. Se duele el caballero de Tarancón del mote de *borrachos* con que, en una coplilla que el coleccionista recogió por el contorno, conocen a los naturales de tan hermoso pueblo. Don Félix-Manuel, hombre a quien no duelen prendas, incluye en su carta otra copla, que viene a reafirmar la idea de quienes informaron al coleccionista sobre el poco asco que en su pueblo hacen al mosto:

> *En Tarancón hay muchas*
> *y muy hermosas;*
> *las tinajas de vino,*
> *que no las mozas.*

Y añade que no puede cantarse lo mismo del sexo contrario, del que un Guardia de Corps fue su mejor ejemplo.

La carta de don Félix-Manuel es de las que no tienen desperdicio, y en ella, además de prevenir al coleccionista de apodos contra posibles manteamientos, incluye algunos datos preciosos que el coleccionista no quiere que escapen sin su glosa y su registro.

Don Félix-Manuel asegura que Illana es el pueblo de los *troleros*, porque, según el refrán, *lo que dicen a la noche no aparece a la mañana,* y aconseja al coleccionista que no sea demasiado explícito, porque cuanto diga, haga y muestre, será *fruta nueva en Rozalén;* con los tratos ha de ser cauto, ya que:

> *Borrica de Tribaldos y mujer de Uclés,*
> *no me la des.*

Y en Saelices de nada se ha de extrañar, ya que, según es fama, *tienen la boca debajo de las narices.*

A las hembras de Fuente de Pedro Naharro, a orillas del arroyo Reatillo, las llaman *las del peine,* porque tienen las melenas alborotadas; y a los de Horcajo de Santiago, un poco más al sur, a orillas del arroyo Albardana y en la bifurcación de la carretera que por Pozorrubio y Villanueva del Cardete, o por Cabezamesada y Corral

de Almaguer llega hasta Quintanar de la Orden, les dicen
los del vítor, porque el día de la Inmaculada se desgañi-
tan y enronquecen delante de la imagen de la Virgen, y
si los forasteros no los siguen, los pinchan con la lezna
como si fueran vulgares torrubianos.

A los de Belinchón los llaman *golusmos,* y a los de la
provincia de Toledo, a quienes el coleccionista de apodos
llamaba *los del hueso dulce,* les dicen los del *cuesco duz*
en el hermoso castellano del país de don Félix-Manuel,
donde también es frecuente oir que:

> A *correr galgos y a jugar al mus*
> *no vayas a Santa Cruz,*

o que *al pasar por Huete, míralo y vete.*

El señor Martínez Fronce se extiende después en otras
consideraciones, ya de orden más bien particular, e indica
que su repertorio de motes y refranes es aún más amplio y
más vario, lo que al coleccionista de apodos le hace sospechar que algún día podrá conocerlos. Con su carta, que
es la carta de un clásico y que rezuma la más fina y más
inteligente ironía, don Félix-Manuel ha instruido y ha de-
leitado al coleccionista, hombre que sabe bien que este
terreno por el que camina es como un mar sin orillas, porque un apodo trae quince enganchados en los flecos del
pantalón, y cada uno de los quince, quince o veinte más.

Después de todo, coleccionar apodos es un entreteni-
miento honesto y divertido, y bien merece la pena expo-
nerse a que en cualquier pueblo acaben manteándolo a
uno en una era o terminen por tirarlo de cabeza al río desde cualquier puente abajo: un puente que, a lo mejor, en
una fotografía aparece como bucólico, pastoril y lleno de
ternura. Los viajes es lo que tienen. En la Alcarria, en un
pueblo que es talmente un poema, dieron con los huesos
del coleccionista en la cárcel por indocumentado y vagabundo — palabras textuales del alcalde —, y al día siguiente, cuando lo soltaron, el cabo de la Guardia civil le
advirtió:

—A ver si así aprende y se dedica a actividades conocidas.

El coleccionista de apodos, aunque no sabe lo que quiere decir dedicarse a actividades conocidas, tuvo entonces el presentimiento de que el cabo de la Guardia civil, en el fondo, tenía razón.

ÍNDICE

Colección Destinolibro